또
한 번의
여행

또 한 번의 여행

발행일	2025년 11월 12일

지은이	성윤경
펴낸이	손형국
펴낸곳	(주)북랩

출판등록	2004. 12. 1(제2012-000051호)
주소	서울특별시 금천구 가산디지털 1로 168, 우림라이온스밸리 B동 B111호, B113~115호
홈페이지	www.book.co.kr
전화번호	(02)2026-5317 팩스 (02)3159-9637

ISBN   979-11-7224-955-7 03920 (종이책)   979-11-7224-956-4 05920 (전자책)

잘못된 책은 구입한 곳에서 교환해드립니다.
이 책은 저작권법에 따라 보호받는 저작물이므로 무단 전재와 복제를 금합니다.
본 도서는 (주)북랩이 보유한 리코 인쇄 장비 등 자체 생산 인프라를 통해 제작되었습니다.

작가 연락처 문의 ▶ ask.book.co.kr
전용 게시판에 문의를 남기시면 저자에게 직접 전달됩니다.

(주)북랩 성공출판의 파트너
북랩 홈페이지와 SNS에서 다양한 출판 솔루션을 만나 보세요!
홈페이지 book.co.kr   •   블로그 blog.naver.com/essaybook   •   출판문의 text@book.co.kr
카톡채널 북랩

그림과 발자국으로 기록한 나의 까미노 여정

또
한 번의
여행

Just
Walking

성윤경 글·그림

북랩

차례

책을 시작하며 _6

2019년 스페인
까미노 데 산티아고 프랑스 길

GR11 길 _10
생장(Saint Jean Pied de Port) _14
생장-론세스바예스 _20
론세스바예스-수비리 _25
수비리-팜플로나 _29
팜플로나-푸엔테 라 레이나 _32
푸엔테 라 레이나-에스테야 _38
에스테야-토레스 델 리오 _42
토레스 델 리오-로그로뇨 _46
로그로뇨-나헤라 _51
나헤라-그라뇽 _55
그라뇽-비암비스타 _58
비암비스타-아타푸에르카 _61
아타푸에르카-부르고스 _65
부르고스-온타나스 _70
온타나스-프로미스타 _74
프로미스타-까리온 데 로스 콘데스 _78
까리온 데 로스 콘데스-테라디요스 데 로스 템플라리오스 _82

테라디요스 데 로스 템플라리오스-엘 부르고 라네로   _ 85
엘 부르고 라네로-레온   _ 89
레온-산 마르틴 델 까미노   _ 93
산 마르틴 델 까미노-아스토르가   _ 96
아스토르가-폰세바돈   _ 100
폰세바돈-폰페라다   _ 104
폰페라다-비야프랑카   _ 108
비야프랑카-라 파바   _ 112
라 파바-트리아카스텔라   _ 116
트리아카스텔라-사리아   _ 120
사리아-포르토마린   _ 124
포르토마린-팔라스 데 레이   _ 128
팔라스 데 레이-아르수아   _ 132
아르수아-페드로소   _ 135
페드로소-산티아고 데 콤포스텔라   _ 139

책을 시작하며

 2016년 5월, 국내 여행사를 통해 중국 차마고도 트레킹을 다녀온 것이 해외 트레킹의 시작이었다. 그전에는 주로 국내 비교적 높은 산인 지리산, 설악산 및 한라산과 몇몇 유명한 산을 중심으로 산행을 하고, 제주 올레길, 남도 순례길, 강원도 바우길 등 국내에 소개되기 시작한 둘레길을 걸어왔다. 그런데 차마고도 트레킹에서 같이 간 일행들이 들려준 유럽 트레킹 경험담은 해외 트레킹을 본격적으로 시작하게 된 기폭제가 되었다.
 중국에서 돌아오자마자 인터넷 등으로 자료를 찾아 유럽의 다양한 트레킹 코스를 알게 되었다. 그래서 그해 7월에 이태리 돌로미티 알타비아1을 다녀왔다. 중국 차마고도 트레킹은 여행사를 통한 패키지 여행이어서 모든 여행 일정이 이미 예약이 되어 있기 때문에 별로 신경 쓸 일이 없었다. 숙소며 교통편 그리고 식당 등 가이드가 안내해 주는 대로 따라 주면 되었다. 그런데 이태리 돌로미티 알타비아1은 항공편과 숙소 등을 직접 예약해서 가는 자유여행이었다. 특히 약 일주일이 소요되는 산장 예약은 정말 힘들었다. 트레킹은 7월이지만 예약은 5월에 해야 했는데, 산장이 6월에 오픈하는 곳이 많고, 연락이 원활하지 않아 애를 먹었다. 또한 숙소와 일정이 확정되므로 날씨나 체력 등의 문제로 인한 변경이 어려웠는데, 다행히 큰 차질 없이 마칠 수 있었다.

자신감을 얻어 2018년에는 투르 드 몽블랑을 텐트를 가지고 야영을 하며 완주하였다. 이제 숙소를 예약하고 트레킹 일정을 결정하는 것은 큰 어려움 없이 해결할 수 있는 경험이 쌓인 것이다. 이태리 돌로미티 알타비아1이나 티엠비는 유럽에서 워낙 유명한 트레킹 코스고, 매년 많은 트레커들이 찾는 코스라서 트레킹 초보자에게도 쉽게 다가갈 수 있었다.

두 번의 유럽 트레킹을 경험하고 비교적 난이도가 높은 코스를 찾기 시작했다. 그래서 발견한 것이 GR11 길이다. 트레킹 안내서에 나와 있는 문구는 *"From the Atlantic to the Mediterranean"*, *"820km long with 46,000m of ascent of 47stages"* 이다. 스페인과 프랑스의 국경을 이루는 피레네산맥을 대서양에서 지중해까지 820km를 걷는 45일의 여정이다. 텐트와 침낭 등 야영 장비를 갖추고 호기롭게 파리행 비행기에 올라탔다.

2019년 스페인
까미노 데 산티아고 프랑스 길

GR11 길

6. 22. 일요일 ~ 6. 26. 목요일

　정말 우연이었다. 전혀 계획에 없었으며, 평소에도 신앙을 갖지 않았으므로 이 길을 걷는다는 게 무슨 의미가 있을까 했다.
　당초 이번 여행의 일정은 스페인과 프랑스 국경을 이루는 피레네산맥을 대서양에서 지중해까지 이어지는 GR11 루트를 약 45일 일정으로 캠핑을 하며 대주하는 계획이었다. 출발 2~3개월 전부터 아마존에서 가이드북과 지도를 구입하고, 항공권을 예약하였다. 그리고는 시간 날 때마다 틈틈이 인터넷에서 여행기를 찾아보고 가이드북을 숙독하였다. 캠핑 장비와 의류 그리고 밑반찬 등 45일간 야영에 필요한 모든 것을 준비하고 여러 번 체크하였다.
　드디어 인천공항을 출발하여 프랑스 파리에 도착하였다. 샤를르 드골 공항에서 몽파르나스역으로 이동해 기차를 타고 스페인과 프랑스 국경 마을 이룬에 도착하였다. 이룬에서 버스를 타고 GR11 길의 출발점인 Faro de Higuer 캠핑장에 도착하였다. 작년에 이미 티엠비를 캠핑을 하며 종주한 경험이 있어 유럽에서의 캠핑이 낯설지는 않다. 이 캠핑장은 스페인 북부 해안 가장 오른쪽 끝에 있는 캠핑장이다. 등대 바로 옆 대서양 해안의 절벽에 위치해 있어 일출과 일몰이 환상적인 캠핑장이다. 이러한 멋진 캠핑장에서 이번 여행의 첫 밤을 보냈다.

 6월 23일 아침, 캠핑장을 출발하여 피레네산맥을 종주하는 GR11 길에 들어섰다. 이룬 시내를 빠져나가면서 길 찾기에 애로를 겪었지만 도시를 빠져나오자 바로 피레네산맥으로 들어간다. 첫째 날과 둘째 날은 500미터, 1,000미터의 산을 넘는데, 산장이나 캠핑장이 없다. 트레일 주변에 적당히 평평한 곳이 있으면 와일드 캠핑을 할 수밖에 없었다. 셋째 날 부르게테 마을에 들어서고 나서야 캠핑장다운 캠핑장이 있어 삼 일 만에 샤워를 할 수 있었다. 다음 날 1,200미터 고개를 넘어 오르바라 마을에 도착했다. 점심도 못 먹었는데 해는 뜨겁고, 이미 두 시가 지나고 있었다. 카페에서 맥주 한잔 하고 다시 길을 나섰다. 오늘의 목적지 이리베리를 지척에 두고 어느 작은 마을에 들어서 음식점을 찾았으나 너무 시골 마을이라 카페나 식당이 없다. 이리베리까지 가려면 마을 뒷산을 넘어가야 한다. 담벼락이 만든 그늘에서 잠시 쉬었다. 날씨가 너무 뜨거워 도저히 이 상태로는 산을 넘기 힘들 것 같아 캠핑을 포기하고 오늘 하루 묵을 숙소를 찾았다. 마을을 돌아다니다 민박집을 발견했다. 그런데 주인 할머니는 영어를 할 줄 모르고 우리는 스페인어를 할 줄 모르니 말이 안 통해 난감했다. 할머니가 인근 팜플로나에서 일하고 있는 딸에게 전화를 연결해 주어 간신히 숙박을 할 수 있었다. 그리하여 5일 만에 침대와 주방이 있는 편안한 잠자리를 얻었다. 냉장고에는 과일과 주스가 가득하고, 주방에는 가스 스토브가 있다. 라면을 끓여 식탁에 차려 놓고 모처럼 안락한 곳에서 맛있는 저녁을 먹었다. 저녁을 먹으며 이번 여행을 다시 검토하였다. 20kg이 넘는 배낭을 메고 40도가 오르내리는 더위에 캠핑을 하는 것은 불가능하다는 결론을 내리고, GR11 길을 여기서 끝내기로 하였다. 대신에 대안으로 스페인 까미노 프랑스 길을 걷기로 합의하였다. 이같이 결정한 배경에는 아내가 몇 년 전에 까미노 길을 걸은 경험이 있고, 현재 위치가 까미노 길과 매우 근접해 있어 출발지인 생장까지 쉽게 갈 수 있기 때문이었다.

생장(Saint Jean Pied de Port)

6. 27. 목요일

다음 날, 고맙게도 주인 할머니의 딸이 우리를 데리러 왔다. 이곳은 워낙 외진 곳이라 대중교통이 없어 우리를 인근 큰 도시까지 태워 주기로 했던 것이다. 차를 타고 우리가 엊그제 지나온 부르게테를 지나 론세스바예스까지 태워다 주었다. 마을에 내려 주면서 어제 자기가 일하는 팜플로나는 40도가 넘었다며, 더위 조심하라고 신신당부를 한다. 론세스바예스에서 약 한 시간 정도 버스를 타고 까미노 프랑스 길의 출발지인 생장에 도착했다. 우리는 스페인에서 거꾸로 왔지만, 보통은 프랑스에서 버스 또는 기차로 오는 사람들이 많았다. 더운 날씨에도 도시는 사람들로 북적였다.

까미노 길은 여러 코스가 있지만 까미노 프랑스 길은 가장 대중적인 코스고, 까미노 길을 처음 걷는 사람들이 많이 선택하는 코스다. 그만큼 코스가 무난하고, 숙소나 식당 등 인프라가 잘 갖추어져 있다. 앞으로 삼십 일에서 사십 일이 소요되는 일정이 만만치 않지만, 사람들의 표정에는 기대와 설렘으로 가득하다. 내일 아침이면 이 모든 사람들이 산티아고를 향해 떠나고, 도시는 텅 빌 것이고, 또 오후에 그만큼 사람들이 모여들겠지.

야영을 위해 준비했던 텐트, 취사도구, 침낭 및 다운 재킷 등을 우체국을 찾아 파리의 지선이 집으로 보내고, 짐을 줄였다. 까미노 길은 야영을 하지 않아도 식사와 침대를 제공해 주는 알베르게가 있기 때문이다. GR11 길을 45일 일정으로 왔기 때문에 남은 일정으로 까미노 길을 걷기에 적당할 것 같다.

우선 순례길에서 가장 중요한 크리덴셜을 발급받기 위해 순례자 사무실에 들렀다. 크리덴셜은 순례자 여권으로써, 공립 알베르게에서 묵기 위해서 필요하며, 까미노 길을 완주하면 완주 증명을 받기 위해서도 필요하다. 사무실에는 여러 명의 자원봉사자들이 탁자에 앉아 순례객을 맞는다. 순례객들은 줄을 서 있다가 차례가 오면 까미노 길에 대한 개략적인 설명을 듣고 오늘 묵을 숙소를 소개받았다. 물론 사무실 도장이 찍힌 크리덴셜도 발급받았다. 우리에게 추천한 숙소는 55호 공립 알베르게다. 사실 이곳에는 공립 알베르게 외에도 많은 사설 알베르게도 있으나, 시설이 다소 불편하더라도 가격이 저렴하기도 하고 공립 알베르게에 대한 호기심도 있어 이곳을 선택했다. 숙소에 들어서니 1층에 주방과 식탁이 있고, 한편에서 자원봉사자가 접수를 받고 있다. 주방을 지나면 안쪽으로 여러 개의 이층 침대가 있는 도미토리 룸이 있고, 지하에 화장실과 샤워실이 있다. 숙소 등록을 하면 침대를 배정해 준다. 배정받은 이층 침대 아래와 위 칸에 각각 짐을 풀었다. 맞은편 침대에는 중국인으로 보이는 젊은이들이 침대를 정리하고 있었다.

  침대에 짐을 풀고 점심도 먹을 겸 시내 구경을 나섰다. 시내에는 기념품 가게와 순례길에 필요한 의류 및 장비 등을 파는 가게 그리고 다양한 식당이 있다. 시내의 모든 식당은 생장에 막 도착했거나 이미 숙소에 짐을 풀고 나온 순례객으로 북적였다. 점심은 야외 테이블이 있는 식당에서 가볍게 했다. 저녁은 슈퍼에서 장을 봐 와 숙소 식당에서 직접 해 먹기로 하였다. 주방이 좁아 한 팀이 요리하면 기다려야 하고, 그릇도 바로 씻어야 해서 시간이 꽤 걸린다. 사실 취사하기가 만만치 않다. 식재료를 구입하여야 하고, 양념도 있어야 한다. 주방 화기나 조리 기구 등이 하고자 하는 음식을 요리하기에 적당해야 한다. 집 안이 아닌 집 밖에서 요리를 해 본 경험이 많아야 효율적으로 장을 보고 빠르게 음식을 조리할 수가 있다. 식재료가 남으면 가져가거나 다음 사람을 위해 냉장고에 남겨 두고 떠난다.

  저녁 식사 후 대부분의 사람들은 침대에서 휴식을 취하면서 앞으로의 일정을 점검하고, 일부는 마을 구경을 나가 순례길 첫날을 기념한다. 우리도 식당에서 와인을 마시며 앞으로 일정을 생각해 본다. 사실 갑자기 결정한 계획이라서 구체적인 일정이 있을 리 없다. 그저 하루하루 계획하고 실행할 수밖에 없다. 시행착오도 많이 겪을 것이다. 부랴부랴 휴대폰을 뒤져 '부엔까미노(Buencamino)'라는 꽤 괜찮은 앱을 발견했다. 인터넷 연결 없이도 쓸 수 있는 지도와 중간에 만나는 마을의 알베르게에 대한 위치, 가격, 시설, 오픈 시간 등 유용한 정보를 제공한다. 특히 도착지의 알베르게를 선택하는 데 매우 유용하다. 알베르게는 공립이냐 사설이냐, 취사 시설이 있는지 없는지가 선택의 기준이다. 공립 알베르게의 경우, 자원봉사자들이 운영을 하며, 경우에 따라서 식사도 제공해 주고, 비용은 5유로 또는 기부제고, 사립의 경우, 10유로 이상의 요금을 지불한다. 앞으로 어떤 알베르게를 선택할지 또 그 알베르게는 어떤 모습일지 궁금하다.

까미노 데 산티아고 프랑스 길

생장-론세스바예스

6. 28. 금요일
27.1km, 05:50-13:00

드디어 날이 새고, 앞으로 약 한 달간 걷게 될 까미노 길의 첫 발을 딛게 되었다. 순례길 첫 코스인 데다 고도를 200미터에서 1,400미터까지 높이는 코스여서 이곳에서 즐겨 쓰는 배달 서비스를 이용했다. 숙소에 준비된 봉투에 다음 목적지의 알베르게 이름과 주소를 적고 정해진 비용을 넣어 배낭에 부착해 두고 떠나면, 운송업체에서 아침에 수거하여 목적지에 배송한다. 무거운 내 배낭을 다음 목적지인 론세스바예스 공립 알베르게로 보내고, 물 한 통과 겉옷 한 가지만 가지고 가볍게 출발했다. 까미노 길에는 모든 구간에 배달 서비스가 운영되고 있어 짐이 부담되는 사람에게는 매우 유용하다. 보내고자 하는 알베르게가 혹시 문을 닫았을 경우에도 인근 알베르게에서 보관해 주어 편리하고 안전하다. 비용은 보통 5유로 정도다.

이미 여름에 접어들어 낮에는 기온이 40도 가까이 오르지만, 새벽에는 담요를 덮을 정도로 기온이 내려간다. 잠자리에 들 때 후덥지근해 반팔, 반바지 차림으로 자다가 새벽에 기어이 담요를 끌어 덮었다. 아침에 짐을 챙겨 주방으로 나오니 식탁에 빵과 잼 그리고 커피와 우유 등이 준비되어 있다. 간단하게 먹고 아직 어둠이 남아 있어 가로등이 켜진 거리로 나왔다. 골목을 돌아 마을을 빠져나가는 언덕을 오르자, 인근 알베르게에서 우리와 같이 첫걸음을 떼는 순례자들이 하나둘 모여든다. 까미노 길을 걷는 많은 사람들에게는 오늘의 첫걸음이 설레고 흥분되리라. 나에게는 유럽에 있는 하나의 트레킹 코스지만, 어제 순례자 사무실에서 만난 자원봉사자들의 친절함이나 숙소 자원봉사자들의 열정 등이 까미노 길의 종교적인 의미와 더불어 좀 더 경건하게 와닿는다.

오르막 산길에는 새벽안개가 자욱하여 더욱 신비하게 느껴진다. 산길에 익숙하지 않은 사람들은 초반 오르막에 매우 힘들어히여, 가다 쉬다를 반복하며 오른다. 안개 낀 산길을 한참을 오르자, 경치가 훌륭한 곳에 카페를 겸한 오리송 알베르게가 나왔다. 첫 코스가 오르막인 데다 거리도 긴 편이어서 이곳 알베르게에서 묵고 첫 출발을 하는 팀들도 있다. 우리도 알베르게 건너편 경치 좋은 테라스에 배낭을 내려놓고 맥주 한잔을 주문했다. 한참 경치 구경을 하고 다시 오르막을 오른다. 시간

까미노 데 산티아고 프랑스 길　21

이 지남에 따라 안개는 걷히고, 정상까지는 시야가 탁 터지며 완만한 오르막인 초원 지대다. 많은 사람들이 앞서거니 뒤서거니 오르고, 경치 좋은 곳에서는 사진을 찍고 간식을 먹으며 휴식도 취한다. 정상을 지나서 프랑스와 스페인 국경을 지나고 나면 숲이 우거진 내리막길이다. 가파른 내리막길을 한참을 내려가니 오늘의 숙소가 있는 론세스바에스에 도착하였다. 숙소는 공립 알베르게로 옛날 수도원의 내부를 현대식으로 개조해 거의 호텔 못지않은 시설을 갖추고 있다. 오늘 아침에 부친 짐을 찾아 입실 등록을 위해 숙소 입구부터 시작된 길다란 줄에 섰다. 드디어 차례가 되어 침대를 배정받고는 짐을 풀고, 샤워를 하고, 빨래를 하여 뒤뜰에 널었다. 앞으로 이러한 패턴이 매일의 일상이 될 것이다. 숙소도 훌륭했지만 샤워 시설도 좋고, 주변 산책로도 잘 되어 있다. 침대로 돌아와 오늘 하루를 정리하고 잠시 휴식을 취하였다가, 숙소 주위를 산책하였다. 숙소 내에는 주방은 있지만 근방에 슈퍼가 없어서 식재료를 살 수가 없기 때문에 숙소에서 제공하는 식사를 하여야 한다. 숙소 침대 배정할 때 침대 번호표와 함께 주었던 식권에 식당이 표시되어 있다. 식사는 수도원 호텔 내의 식당과 외부의 식당에서 제공한다. 우리는 외부 식당에서 저녁을 먹었는데 한 테이블에 열 명쯤 앉았으며, 식사로는 수프, 빵과 메인 요리 그리고 와인이 나온다. 오늘의 메인 요리는 닭 또는 생선이다. 약 한 시간가량 식

까미노 데 산티아고 프랑스 길

사를 하는데, 식사 중 돌아가며 자기소개를 하고, 이번 여행이 자기한테 어떤 의미인지 서로에게 얘기해 준다. 과거에 이미 걸어 본 사람들은 이전의 걸었던 경험을 들려주고, 처음 걷는 사람들은 열심히 경청하고 궁금한 것들을 질문한다. 맛있는 식사와 즐거운 대화를 하고 수도원 길을 천천히 걸어 숙소로 돌아왔다. 통상 공립 알베르게는 저녁 열 시에 소등을 하고 출입문을 닫는다. 그리고 아침 다섯 시 반에서 여섯 시 사이에 나갈 수가 있다.

론세스바예스-수비리

6. 29. 토요일
21.34km, 05:40-12:00

　호텔 같은 공립 알베르게에서 하룻밤 지내고 새벽에 눈을 뜨니, 여기저기서 부스럭거리며 출발을 서두른다. 숙박비에 아침 식사가 포함되어 있으나 일곱 시부터 가능하기 때문에 포기하고 이른 새벽에 출발했다. 숙소를 나오니 주위는 아직 어둠이다. 그렇지만 공기는 상쾌하여 하루 종일 걸을 수 있겠다 싶다. 도로를 따라 걷다가 숲길로 들어서며 헤드 랜턴을 켰다. 얼마 걷지 않아서 첫 미을인 부르게테에 들어섰다. 아직 어스름한데 마을 초입에 불을 켜고 영업 중인 바가 있었다. 순례객 몇 명이 아침 식사를 하고 있는 것이 보인다. 시간이 너무 일러 조금 더 마을 안으로 들어가 문 연 바를 찾아보았다. 그런데 마을을 다 벗어날 때까지 문을 연 카페는 없었고, 아까 마을 초입의 바가 유일하게 문을 연 바였다. 그리하여 자연스럽게 아침은 생략하게 되었고, 마을을 벗어나 냇가에 자리를 잡았다. 커피를 끓이고 이틀 전에 사 가지고 온 납작복숭아로 아침을 대신하였다.

냇가를 건너 고개를 오르는데, 젊은 엄마와 초등학생 정도 돼 보이는 한국인 남매가 각자 조그마한 배낭을 메고, 걷고 쉬며를 반복한다. 어른들은 자기 의지로 온다지만 어린이들은 어떤 의미를 가지고 걸을까. 힘들어 보이지만 불평이나 불만 같은 느낌은 볼 수가 없다. 기특하기 짝이 없다.

오늘은 유난히 해가 따갑다. 언덕을 올라갔다가 숲길을 한참 내려가니 수비리 마을로 들어가는 넓은 개울을 만났다. 다리를 건너기 전 만난 마을 사람이 수비리에 온 것을 환영한다는 인사와 함께 사진을 찍어 인스타그램에 올리고 싶다 한다. 흔쾌히 승낙하고 기꺼이 모델이 되어 주고, 다리를 건너 마을에 들어섰다. 미리 예약한 숙소 우소아보딩하우스에 도착하여 주인에게 도착했다고 전화를 하였다. 어제 론세스바에스 숙소에서 이곳 수비리 숙소를 알아보니 공립 알베르게가 임시 휴업이어서 일반 숙소를 알아봤는데, 주인이 스페인어만 하기 때문에 예약을 할 수가 없었다. 마침 옆 침대에 독일 고등학생들을 인솔하여 온 교사가 스페인어를 할 수 있어서 통역을 부탁하여 간신히 예약을 했다. 잠시 후, 주인이 도착하였다. 말은 안 통하지만 방을 안내하고, 주방 및 현관 중문 방문 열쇠 꾸러미를 주며 일일이 설명해 준다. 한 번 외출할 때마다 열쇠를 주렁주렁 달고 가

야 한다. 유럽의 가정집은 잠금이 모두 재래식 열쇠다. 방에 짐을 풀고 점심거리를 살 겸 마을을 둘러보았다. 마을도 조그맣고 슈퍼도 조그마한데, 상품이 실하다. 소시지, 과일, 와인 등을 사 와 밥을 지어 맛나게 점심을 먹었다. 저녁에는 동네 바에 가서 맥주 한잔히는데, 한국 젊은이들이 삼삼오오 식사를 하고 있다. 한 달여를 걸어야 하는 일정의 시작인데 얼마나 설렐까. 먹을거리와 맥주를 앞에 두고 이야기가 끊이지 않는다. 론세스바에스에서 만났던 독일 학생들도 피자며 샐러드로 저녁을 즐긴다. 오전 내내 따가운 햇볕 아래 힘겹게 걷고 저녁에 같이 걸었던 순례자들을 보며 맥주 한잔하는 여유가 참 좋다.

까미노 데 산티아고 프랑스 길

내일의 목적지는 큰 도시인 팜플로나다. 볼 것도 많고 먹거리도 다양한 도시다. 까미노 길에 있는 마을들은 대부분 조그마하다. 숙소 인근에 상점, 바, 레스토랑 몇 개 정도 있는 정도다. 그중 팜플로나, 부르고스, 레온 등은 매우 큰 도시로, 여행 중 필요한 물품을 구입할 수도 있고, 볼거리와 먹거리가 풍부해 여행의 피로를 푸는 데 안성맞춤이다. 해외여행이 자유롭지 못한 젊은이들은 일정이 허락하면 이삼 일씩 묵어 가기도 한다. 우리처럼 며칠 묵을 사정이 아니라면 일찍 출발해서 일찍 도착해 여유롭게 즐겨야 한다.

수비리-팜플로나

6. 30. 일요일
20km, 05:00-11:00

　새벽녘에 날도 흐리고 기온도 10도 중반쯤이어서 걷기 더할 나위 없이 좋은 날씨다. 길 또한 높낮이도 많지 않고 숲속을 자주 들어갔다 나와 편안해서 콧노래가 나올 정도다. 팜플로나는 칠월에 소몰이 축제가 열리는 관광 도시이자 타파스 음식으로 유명한 도시다. 팜플로나 도착 전 조그만 마을에서도 소몰이 축제를 준비하는지 골목 골목에 차단막이 설치되어 있다. 시내 중심가에 있는 공립 알베르게에 도착하니 열한 시인데, 오픈 시간은 열두 시다. 론세스바에스에서 같은 테이블에서 저녁 식사를 했던 이탈리아 청년이 벌써 도착해 문 앞 벤치에 앉아 노트에 뭔가 열심히 적고 있다. 반갑게 알은체를 하고, 청년 배낭 뒤에 우리 배낭을 내려놓고 골목 건너편 그늘에 앉아 하릴없이 기다리는데, 순례자들이 속속 모여들어 여기저기 배낭을 내려놓고 자리를 잡고 문 열기를 기다린다. 열두 시가 되어 문이 열리자 뒤에 도착했던 몇몇 사람들이 우르르 앞다투어 줄을 서고, 우리보다 먼저 도착한 대만 청년들이 우리 뒤에 서게 되었다. 순서를 양보했더니 웃으면서 고맙다고 한다. 이 대만 청년들과는 이후로 자주 만나고, 산티아고 콤포스텔라 대성당에도 같은 날 도착한다. 그리고 이후 스페인 서쪽 끝 마을인 피스테라 와 묵시아까지 동행하게 된다.

9유로를 내고 침대 커버와 베개 커버를 받고, 침대를 배정받았다. 오늘은 주위에 식당이 즐비하고 맛있는 음식으로 유명한 도시에 왔기 때문에 외식을 하기로 하고, 샤워 후 점심 식사 겸 시내 구경을 나갔다. 알베르게를 나오자 골목 양옆으로 바가 줄지어 있고, 한 블록을 지나자 타파스 음식점이 한집 건너에 있다. 타파스는 저녁에 먹기로 하고, 한국 떠나온 지 열흘 정도 지나서 매콤한 것이 그립기도 하여 중국 식당을 찾았다. 볶음밥과 돼지갈비로 점심을 먹었다. 중국 식당에는 기본적으로 중국 고추장이 있어 국수나 흰밥에 비벼 먹으면 그동안 스페인 음식으로 느끼했던 속을 달래기 더없이 좋다. 숙소로 돌아오는 길에 중국 슈퍼에서 저녁과 내일 아침에 먹을 신라면과 와인 과일을 사 가지고 왔다. 저녁 무렵 다시 숙소를 나가 타파스집을 두세 군데 들러 유명한 타파스와 와인과 맥주를 즐겼다. 해가 지고 어두워지자, 타파스 골목 여기저기 맨바닥에 스페인 청년들이 앉아, 근처 음식점에서 사 온 안주와 맥주, 와인을 마시며 즐겁게 얘기를 나누고 있다. 숙소로 들어가기에는 아직 시간이 이른 것 같아 우리도 타파스 바에서 할라피뇨튀김을 사고 술 판매점에서 와인을 사서, 골목 한 귀퉁이 문 닫은 가게 앞에 앉아 스페인 청년들인양 팜플로나의 저녁을 만끽하였다.

  숙소에 돌아와서 출출한 속은 낮에 사 온 라면과 와인으로 마무리하고 침대로 들어갔다. 하룻저녁에 너무 많은 걸 먹었다. 팜플로나는 이틀 정도 머무르며 맛있는 음식을 먹고 쇼핑을 하면 좋을 것 같다.

까미노 데 산티아고 프랑스 길

팜플로나-푸엔테 라 레이나

7. 1. 월요일
23.65km, 05:30-12:30

어제저녁 늦게까지 떠들썩했던 카페 골목이 사뭇 조용하다 못해 적막하다. 이른 새벽에 어젯밤 늦은 축제의 잔재물을 치우러 청소차와 청소부만이 새벽을 깨운다. 도시가 크다 보니 도심을 빠져나가는 데만 대략 한 시간이 걸린다. 시내 공원을 지나 시 외곽 버스 정류장에 오니 어느덧 날이 밝았다. 이른 아침이라 사람이 뜸한 정류장 벤치에 앉아 요구르트와 과일로 아침 식사를 하고 다시 걷기 시작했다. 까미노 블로그에 어김없이 나오는 용서의 언덕을 넘어 푸엔테 라 레이나까지 가는 것이 오늘의 목적지다. 팜플로나로부터 작은 마을 두어 개를 지나 넓은 밀밭을 만났다. 용서의 언덕을 올라가는 길은 좌우가 밀밭이고, 멀리 푸른 숲이 보이고, 길은 우리가 걷는 길 하나뿐이다. 오늘은 어제보다 기온이 10여 도가 내려간 데다 구름이 끼고 바람까지 불어 서늘하면서 춥기까지 하다. 용서의 언덕까지는 다소 가파른 오르막이다. 언덕에 올라서니 바람이 세차게 분다. 새벽 일찍 출발했더니 아무도 없고 우리뿐이다. 순례자 조형물을 배경으로 급하게 사진 한 장 찍고 서둘러 내려오니 우르테가 마을이 있다. 마을 끝에 있는 알베르게 겸 카페 페르돈에서 커피와 토르티야를 주문했다. 까미노 길에서 먹은 최고의 토르티야를 먹었다. 손님도 없는 카페에서 주인아주머니가 방금 구워서 내준 토르티야는 정말 맛있었다. 조금 후 자전거로 여행 중인 독일인 둘이 들어와 맥주를 주문하고 옆에 앉으며 우리보고 일본인이냐고 물어봤다. 한국인이라 답하면서 이야기가 시작되었다. 독일 사람들은 자기 집 문을 나서면서 걷는단다. 일정이 허락하는 대로 이번은 어디까지 걷고, 내년에 다시 이어 걷는 식이다. 이 길에서 만난 대부분의 유럽인들이 매년 조금씩 체력이나 시간이 허락하는 만큼 그러는 것 같다. 우리는 항공 요금도 비싸 자주 올 수 없으니 한번에 다 걷는다고 했다. 그럴 것 같다며 완주를 기원해 주었다.

  카페에서 나와 동네 골목에 접어들었는데, 갑자기 뒤에서 자동차가 경적을 길게 울린다. 아니, 시골 한적한 골목에 차도 많이 다니지도 않는데 무슨 경적인가 하고 길옆에 서서 지켜보니 빵을 실은 차가 마을에 도착했다고 주민에게 알리는 것이다. 동네 아주머니들이 헝겊 주머니를 하나씩 들고 집에서 나와 줄을 서서 빵을 사고 있다. 동네가 작아 빵집이 없어 인근 도시 빵집에서 빵을 배달하고 있다. 시골 마을 걷다 보니까 빵뿐만이 아니고 생선 트럭도 있고 가스통도 배달해 준다. 워낙 땅이 넓어 가스 배관을 마을마다 묻기에는 수요에 비해 비용이 너무 많이 들기 때문일 것이다.

푸엔테 라 레이나에 도착하니 마을 입구에 시설이 좋아 한국 사람들에게 인기 있는 호스텔이 있다. 우리는 이곳을 지나쳐 공립 알베르게에 짐을 풀었다. 물론 가격은 반값이며, 시설도 노후화되어 있다. 숙소는 철제 이층 침대며, 이층으로 올라가는 쇠사다리는 휘어져 있다. 샤워실은 남녀 구분이 없다. 샤워실은 4~5칸이 있는데, 수건과 비누를 들고 기다리다가 먼저 들어간 사람이 나오면 내 차례다. 숙소나 샤워실 등 시설은 열악하지만 건물 뒤편에 건물 면적보다 넓은 정원이 있다. 나무도 여기저기 몇 그루 있어서 훌륭한 그늘을 만들어 주고 그늘 아래 테이블과 의자가 있어 오후에 휴식을 취하기에 안성맞춤이다.

배정받은 침대에 짐을 풀고 마을 구경 겸 슈퍼에 갔다. 작은 마을인데 슈퍼가 두세 군데 있고, 먹거리도 알차게 갖추어 놓았다. 점심과 저녁거리를 사 와 주방에 들어가니 몇 팀이 점심을 하느라 분주하다. 대만팀, 체코팀, 이태리 청년. 주방이라고는 하지만 무딘 칼 한 자루, 코팅이 벗겨진 프라이팬 몇 개, 냄비 두세 개 정도로, 조리 기구는 대체로 열악하다. 우리는 비좁은 틈에서 겨우 크림스파게티를 하고 샐러드와 고기를 준비한 이태리 청년과 같이 점심을 먹었다. 알베르게 뒤뜰이 넓어 점심 후에는 그늘 아래에서 와인과 맥주로 오후를 즐기고, 저녁까지 차려 먹었다. 이렇게 오후 시간은 느릿느릿 느긋하게 지나갔다.

또 한 번의 여행

푸엔테 라 레이나-에스테야

7. 2. 화요일
21.99km, 05:50-12:00

　어제저녁 식당에서 많은 순례객들이 모여 분위기가 좋은 탓에 밤늦게까지 과음을 해서 아침 출발이 늦었다. 좁은 골목을 지나가면 마을 끝에서 마을 이름과 같은 '여왕의 다리(Puente la Reina)'를 건넌다. 다리를 건너자 가파른 언덕을 만났지만, 날도 흐리고 바람도 솔솔 불어 가뿐하게 오른다. 오늘은 처음으로 밀밭 가운데 간간이 포도밭이 보인다. 앞으로 스페인 와인을 유명하게 한 포도밭을 매일 볼 것 같다. 스페인의 까미노 길을 걸으면서 저렴한 가격에 매일 와인 두세 병씩 마실 수 있으니, 훌륭한 날씨와 드넓은 포도밭 덕분이리라.
　지나는 길에 까미노 기마 순찰대도 만났다. 시골길에 웬 기마대인가 싶다. 열 시가 지나면서 해가 나고 본격적으로 더워질 무렵 로르까 마을에 들어섰다. 마을 입구에서 약간의 오르막을 올라서면 좁은 골목을 따라 양옆으로 카페와 알베르게가 여럿 있고, 그중 한국인 순례객들에게 잘 알려진 카페가 있다. 한국인 여자와 스페인 남편 호세가 운영하는 카페 겸 알베르게다. 카페에 들어가 맥주와 토르티야를 주문했다. 다른 카페는 한산한데, 이곳은 북적인다. 아마 한국인들이 많이 몰려서 그런 것 같다. 잠시 후, 주인장께서 우리한테 다가와 어제 숙소에서 무슨 일이 있었는지 묻는데, 별 기억이 없다. 앞선 외국인 손님 얘기로는 남녀 서너 명이 야밤에 술에 취해 추한 일을 벌였다는데, 우리는 잠만 쿨쿨 잘 잤다. 숙소 샤워실이 남녀 공용이고, 뒤뜰이 야간에도 개방되어 아마 늦게까지 술을 과음해서 어떤 해프닝이 있었던 것 같았다.

  카페를 나와 다시 두 시간여를 더 걸어 오늘의 목적지 에스테야에 도착했다. 에스테야는 강을 끼고 있는 마을이다. 역시 공립 알베르게에 숙소를 정하고 주방을 살펴보았더니 3구 가스레인지가 무려 두 개다. 주방도 넓고 바로 마당으로 이어져 있었다. 주방이 훌륭한 만큼 많은 사람들이 음식을 조리하여 먹은 듯하다. 소금, 설탕, 올리브오일과 파스타 등 식재료들이 많이 남겨져 있다. 짐을 풀고 샤워 후 바로 슈퍼로 달려가서 냉동 새우와 파스타를 사 왔다. 새우 파스타를 만들어 맥주를 들고, 마당 그늘을 찾아 느긋한 점심을 즐겼다.

  한편, 체코팀은 마카로니를 한 냄비 삶아 큰 볼에 담아 맥주와 먹고, 남은 반은 냉장고에 넣는다. 저녁에 먹을 모양이다. 식사하는 방법도 각양각색이다. 순례객의 절반은 재료를 사다 끓이고 볶아 먹고, 나머지 절반은 냉동 인스턴트 음식을 사 와 전자레인지에 간단하게 데워 먹는다. 그리고 모두 똑같이 음료수, 맥주, 요구르트와 과일을 사 와 냉장고에 하나 가득 넣어 두고 저녁과 다음 날 아침으로 먹는다. 우리도 매일 아침은 요구르트와 과일로 간단하게 해결하고 있다.

공립 알베르게를 이용하는 사람들은 거의 외식을 하지 않는 것 같다. 숙박비 5유로와 슈퍼에서 1유로 정도 지불하고, 파스타나 냉동식품으로 한 끼를 해결할 수 있다. 경제적 여유가 없어 최대한 비용을 절약하고자 하는 이유도 있고, 까미노 길이 가지고 있는 본질적 의미를 마음 깊이 체감하려는 순례자로서의 태도이기도 한 것 같다.

까미노 데 산티아고 프랑스 길

에스테야-토레스 델 리오

7. 3. 수요일
29.06km, 05:30-13:00

　도시를 빠져나가 산속으로 들어가는 길목에 어슴푸레 건물이 하나 있다. 건물 외곽에 'Bodegas Irache'라 쓰여 있고, 조명이 멋진 이곳은 꼭지만 틀면 와인이 나온다는 수도원인지 와이너리인지라 하는데, 시간이 일러 그냥 지나쳤다. 오전 내내 흐리고 바람이 있어 걷는 길이 상쾌하다. 이제는 아침에 요구르트 두 개와 과일 한 개로 때우고 두 시간 정도 걷는 것은 일상이다. 두 시간쯤 걸어 예쁜 마을을 만났다. 마을 어귀에서 관광객인 듯한 중년 남자가 지나가는 사람들에게 일일이 말을 건다. 자기는 홀랜드에서 왔는데 당신은 어디서 왔는지, 왜 이 길을 걷는지 등 궁금해한다. 자기는 여기에 관광 중이라며, 우리가 가는 로스 아르코스까지는 중간에 마을이 없다고 일러 준다. 즉, 네 시간 동안 가지고 있는 물 이외에는 먹을 것이 없다는 뜻이다.

 마을을 지나 햇볕이 내리쬐는 밀밭 한가운데를 네 시간을 걸었다. 열한 시쯤 로스 아르코스 마을 광장에 도착했다. 모든 도시나 마을이 그렇듯이 마을 중심에는 광장이 있고, 그 주위에 카페 및 레스토랑이 있다. 광장에는 파라솔과 테이블이 있고, 이미 많은 사람들이 맥주와 음료로 갈증을 달래고 있다. 여기서 하루 머물기 위해 숙소를 찾는 사람도 있고, 다음 목적지로 서둘러 출발하는 사람도 있다. 우리는 광장 한편의 바르 코미다스에서 맥주와 토르티야로 요기를 했다. 많은 사람들이 여기서 오늘 일정을 마무리하기도 하지만, 우리는 내일의 목적지인 로그로뇨에 조금 이른 시간에 도착하기 위해 마을 하나를 더 가기로 했다. 로그로뇨는 비교적 큰 도시로, 팜플로나와 마찬가지로 타파스와 와인 등 먹거리로 유명한 도시다. 조금이라도 일찍 도착해 도시를 더 즐기기 위해 무리하게 걷기로 한 것이다.

 6km를 조금 더 가니 산솔에 도착했다. 입구에 레스토랑을 겸하고 있는 알베르게가 있다. 시설이 괜찮아 보이지만 삼십 분 더 가면 마을이 하나 더 있기 때문에 그냥 지나치기로 하고, 다음 마을로 갔다. 토레스 델 리오에 도착했는데, 우리를 앞서 걷던 한국 젊은이들이 돌아 나온다. 무슨 일인지 물어보니 마땅한 숙소가 없어서 산솔에 보아 둔 숙소가 있어 돌아간다고 한다. 땡볕에 너무 오래 걸어 마을 입구에 있는 슈퍼에서 맥주를

한잔하고 숙소를 구하러 마을로 들어가니, 공립 알베르게는 수리 중으로 문을 닫았다. 마을은 매우 작아 알베르게도 두세 개밖에 없어 그중 티엔타(작은 슈퍼)를 겸하고 있는 마리엘라 알베르게에 묵었다. 숙소는 슈퍼 이층에 이층 침대 3개가 있는 작은 알베르게다.

저녁은 이곳의 유일한 호텔 식당인 산 안드레스에 예약을 했다. 식당이 유일하니 마을에 묵고 있는 모든 사람이 모여 함께 했다. 보통 알베르게에서 단체로 식사할 경우에는 대부분 메뉴 선택권이 없다. 식당에서 준비한 세트 메뉴로 빵, 고기, 샐러드와 와인이 나온다. 우리 식탁 맞은편에 앉은 젊은 프랑스 커플은 작년에 한국을 다녀왔다고 한다. 알고 지낸 한국 지인이 초청해 다녀왔는데, 경주에 머물면서 한라산, 지리산, 설악산 등을 돌아보았는데 너무 좋았다며, 떡볶이도 알고, 한국 아줌마들의 파마머리도 재미있었다고 즐거워했다. 숙소로 돌아와 맥주 한잔하고 잠자리에 들었다. 내일 로그로뇨에서 타파스 탐방을 할 생각에 벌써 설렌다. 타파스와 와인이 있는 스페인은 정말 사랑스러운 나라다.

까미노 데 산티아고 프랑스 길

토레스 델 리오-로그로뇨

7. 4. 목요일
19.93km, 05:30-11:00

　마을을 나와 언덕을 오르면 길가에 흙벽돌로 지어진 에르미타 델 포요 성당이 나온다. 여기에 오르면 성당 아래로 올리브밭과 포도밭으로 이루어진 리오하 평원이 드넓게 펼쳐진다. 이제 나바레 지방을 벗어나 리오하 지방에 접어드는 것이다. 이제부터 싸고 맛있는 리오하 와인을 실컷 마실 수 있다.
　로그로뇨 도착하기 전 여덟 시쯤 예쁜 마을 비아나에 도착했다. 마을 입구에 푸하다스 호텔이 있다. 호텔은 좁은 골목길 한쪽에 있고, 호텔 로비는 의외로 반지하에 있다. 로비 한쪽은 레스토랑이고 로비 바에서는 맥주와 커피 및 간단한 빵 종류를 팔고 있었다. 호텔 밖 테이블은 골목 양쪽에 있고, 한쪽에서는 마을 사람들이 몇 테이블에서 커피를 마시고 있었다. 두 시간 여를 열심히 걸어왔으므로 맥주를 주문하고, 방금 구운 크루아상으로 아침을 먹었다. 아침 먹는 동안 많은 순례객들이 지나가고, 구면인 순례객들과는 반갑게 인사했다. 식사를 마치고 서둘러 일어나 길을 재촉했다. 점심 전에 로그로뇨에 도착해 꿈에 그리던 타파스바 순례를 하고 싶었다.

부지런히 걸어 열한 시쯤 공립 알베르게에 도착했다. 알베르게 문이 열리기까지는 아직 두 시간이나 남아 있다. 역시 우리가 제일 먼저 도착하였다. 아마 다른 순례객들은 로스 아르코스에서 출발하기 때문에 시간이 조금 더 걸릴 것이다. 문 앞에 배낭을 내려놓고 마을 구경을 하기로 했다. 마을 구경이라기보다는 점심을 먹기 위한 타파스집 탐방이었다. 미로 같은 골목에 타파스 가게들이 빼곡하게 늘어서 있다. 가장 유명하다는 엔젤바부터 들렀다. 이곳은 양송이 타파스로 꽤 유명한 곳이다. 문은 열었는데, 이제 막 음식 준비에 들어가는 중이다. 와인을 한잔 시켜 놓고 스탠드바에서 음식 준비 하는 것을 지켜본다. 양송이 타파스는 생각보다 매우 단순했다. 커다란 철판에 버터를 바르고, 잘 손질한 큼직한 양송이를 줄을 맞추어 올린다. 양송이 위에 소금과 후추를 뿌리고, 잘 구워지면 바게트 빵 위에 세 개씩 올려 주고, 그 위에 구운 새우 하나 올려 주면 끝이다. 그 단순함의 맛이 기막히다. 테이블도 없이 벽에 붙은 탁자에 기대어 서서 먹는다. 관광객들이 끊임없이 밀려들어 온다. 양송이 타파스 가게를 나와 같은 골목에 있는 바 몇 군데 더 들러 꼬마오징어 요리와 대구 요리 등과 와인을 곁들여 먹고, 타파스 골목을 탐방했다. 로그로뇨의 타파스 거리는 타파스가 요리되는 냄새와 타파스를 즐기는 사람들의 왁자지껄한 소리로 낮부터 밤늦게까지 활력이 넘치는 거리였다.

숙소에 들어오니 식당에서 콘서트가 벌어졌다. 스페인팀이 기타 치며 한 곡 부르면, 대만팀이 스페인 곡을 부르며 노래를 주고받기가 한동안 이어졌다. 순례자들은 주위에 둘러서서 와인잔이나 맥주캔을 손에 들고 동영상을 촬영하고, 사진 찍고, 손뼉 치며 한참 동안 즐거운 시간을 가졌다. 보통 저녁 시간이 지나면 식당은 텅 비어 와인을 사 와 둘이서만 오붓하게 한잔했는데, 오랜만에 많은 사람들과 즐거운 저녁을 보냈다.

까미노 데 산티아고 프랑스 길

로그로뇨-나헤라

7.5. 금요일
28.27km, 04:30-12:00

　오늘은 가장 긴 코스인데, 중간에 마을이 하나뿐이다. 평소보다 한 시간 일찍 출발하기 위해 주방으로 나와 짐을 꾸리는데, 한국 아주머니 한 분이 들어오셔서 발을 치료한다. 장거리 길을 걷는데 흔히 생기는 물집이려니 보았더니, 발톱이 살을 파고들어 치료하고 있었다. 물집에 대한 고통은 아무것도 아니란다. 동료들이 걱정할까 봐 몰래 나와 치료하고 있었다. 자기 몸이 불편한데도 동료들에게 폐를 끼칠까 걱정하는 모습이 짠하다. 부디 잘 치료하시고 편한 여행 되시길 빌어 주고 숙소를 나왔다. 네 시간여를 걸어 중간 마을 나바레테에 도착하였다. 성당 앞 분수대에서 바나나와 커피로 요기를 하고, 등산화까지 벗어 놓고 한참을 쉬었다. 10여km를 걸어와 더 쉬고 싶지만, 마냥 시간을 보낼 수는 없다. 아직 가야 할 길이 멀기만 하다.

다시 일어나 16km를 더 걸어 나헤라 마을에 들어섰다. 마을 입구에 한국 여행객에게 유명한 소피아라는 중국 음식점이 있다. 7유로 정도에 세 가지 코스를 내준다. 중국 음식을 잘 아는 내게도 가격뿐 아니라 맛도 매우 훌륭했다. 모처럼 배부르게 점심 식사를 했다. 바람 한 점 없고 손바닥만 한 그늘도 없는 길을 여덟 시간 가까이 걸어온 보상을 받은 듯하다. 아내가 매우 만족스러워해서 기분이 좋았다. 매콤한 음식을 좋아하는 아내는 다소 느끼한 서양식을 먹다가 중국 음식점이 있는 마을이 있으면 아주 좋아했다. 중국 음식점에는 우리나라 고추장에 해당하는 라자오장이라는 매콤한 장이 있기 때문이다.

오늘 묵어 갈 나헤라 마을은 마을 한가운데 강이 흐르고 있고, 강 건너편에 알베르게가 자리 잡고 있다. 강변에는 넓은 잔디밭이 있어 휴식을 취하기 좋은 마을이다. 또한 슈퍼도 세 개나 있어 주방을 이용할 수 있을 경우, 풍부한 식재료를 사다가 다양한 요리를 해 먹을 수 있다. 우리는 시설이 좋은 사립 알베르게를 지나 공립 알베르게를 찾았다. 사설 알베르게에 비해 침대며 주방이며 샤워 시설 등이 많이 떨어지지만, 가격도 반값인 데다 다른 순례객들과 가깝게 소통할 수 있어 반드시 이용하고 있다. 이곳의 숙소 비용은 도네이션 시스템이다. 숙소는 창고 같은 넓은 공간에 이층 침대 50여 개가 들어가 있다. 침대에 난간이 없어 한국 여행객에는 기피 대상인지, 그 많던 한국

여행객들을 볼 수가 없다. 나중에 들은 이야기로는 이곳에서 베드버그에 물린 사람이 있어 피하고 있다고 하였다. 순례객에게 베드버그는 공포의 대상이다. 주로 목재 가구가 많은 곳에서 많이 물린다. 물리면 물린 곳이 퉁퉁 부어 아프거나 심한 가려움증을 동반한다. 그래서 대부분의 공립 알베르게는 일회용 침대 커버와 베개 커버를 제공하고 있다.

오늘은 사람이 많지 않아 침대는 자유 선택이다. 서로 붙어 있는 1층 침대에 짐을 푸니 마치 호텔의 트윈룸 못지않다. 오후에 이태리팀이 예닐곱 명 들어와 좁은 주방에서 파스타와 해산물 요리를 하느라 부산하다. 우리도 샤워 후 슈퍼에서 장을 봐와 이태리팀이 식사를 하고 나간 주방에서 간단하게 점심을 해결하였다. 그리고 간단히 먹을 것과 와인을 챙겨 강가로 나왔다. 강가 풀밭 나무 그늘 아래에서 시원한 와인을 마시니 마치 피크닉을 온 것 같다.

나헤라-그라뇽

7. 6. 토요일
27.77km, 05:00-12:00

여느 때와 같이 새벽 일찍 출발했다. 아직 사방이 캄캄하고, 길은 숙소 뒤편 언덕을 넘어 가파르게 이어진다. 어제와 또 다른 일출을 보며 포도밭과 밀밭이 사방에 펼쳐진 넓은 구릉을 걷는다. 한참 걷다 보니 골프장이 나오고, 주택 단지가 보인다. 가까이 다가가 보니 단지가 텅 비어 있다. 스페인 경제 활황기에 조성되었다가 경제 위기를 맞아 분양되지 못하여 이 모양이 되었고, 골프장만 운영하고 있다. 골프장 클럽하우스는 일반 여행객에도 오픈되어 있어 더위를 식힐 겸 맥주 한잔하러 들어갔다. 맥주를 마시며 클럽하우스 창으로 보이는 초록색의 페어웨이를 보니 9홀이라도 치고 싶은 마음이 가슴 깊숙이 올라온다. 그러나 어쩌랴, 우리는 또 걸어야 하는 걸. 다시 길을 재촉해서 닿은 마을은 산토 도밍고다. 햄버거가 유명한 발데모사 식당이 있다. 슈퍼 햄버거 하나로 둘이 실컷 먹을 수 있었다. 대부분 순례자들은 이곳 산토 도밍고에서 묵어 간다. 이태리 청년도 공립 알베르게를 찾아 들어갔다. 동네도 아기자기하고, 구경할 것도 꽤 있다. 그러나 이제 겨우 열한 시밖에 안 되어 한 코스를 더 가서 그라뇽에 묵기로 하고 일어섰다. 그러나 여기서 잠자리를 마련하고 여유 있게 저녁 시간을 보냈어야 했다.

그라뇽 마을 어귀에 들어섰을 때, 젊은 한국인 여자가 골목 그늘에 지쳐 앉아 있고 남자는 숙소를 구하기 위해 마을 사람과 이야기를 하고 있다. 그라뇽은 생각보다 작은 마을로, 알베르게도 몇 안 되었다. 골목을 따라 알베르게를 방문해 봤지만 이미 예약이 꽉 차 있었다. 인터넷 안내서에 교회에서 운영하는 숙소가 있다 하여 찾아갔다. 교회 뒤편에 정원이 있고, 그곳에 교회 출입문이 있다. 문 앞에서 한국 젊은이가 묵을지 말지 고민을 한다. 나중에 알았지만, 이 젊은이들은 다음 마을로 떠났다. 건물 2층에 올라가 보니 숙박 조건이 요금은 기부제고, 저녁 식사를 같이 준비하고 같이 먹는 조건이다. 종교 색채가 강한 듯한 분위기지만 달리 선택이 없어 이곳에서 묵기로 했다.

교회 앞에는 카페가 있다. 맥주 한잔 시켜 시간을 보내다가 식사 시간에 맞춰 교회로 들어갔다. 선택의 여지가 없는 순례자들이 점점 모여들어 약 삼십여 명쯤 되었다. 일부는 식사 준비를 하고, 일부는 주방에서 기타 치며 노래하고 또 어떤 사람들은 뒷마당에서 맥주 마시며 나름의 시간을 보냈다. 저녁 식사를 하기 위해 모두 주방에 모였다. 식사 전에 기도하고, 수도사가 선창하면 무슨 뜻인지 모르지만 같이 따라 하고, 드디어 식사를 시작했다. 숙박과 저녁 식사로 5유로를 기부했는데, 스파게티와 와인과 과일 후식까지 푸짐하게 먹었다. 샤워실은 남녀 각 한 개로, 삼십 여명이 수건과 비누를 들고 기다리다가 한 사람씩 들어가 씻고 나온다. 침실은 이층 강당 같은 널찍한 곳에 매트리스가 바닥에 깔려 있다. 그 위에 각자 가지고 있는 침낭이나 라이너를 덮고 잔다. 저녁 후 취침 전에 원하는 사람들은 별도 방에 모여 기도하고, 토론하기도 한다. 까미노 순례길 중 가장 인상에 남는 숙소였다.

그라뇽-비암비스타

7. 7. 일요일
22.59km, 05:40-11:30

  어제 교회 숙소가 분위기도 우리와 맞지 않고 잠자리도 불편하여 모처럼 다음 목적지 숙소를 예약했다. 도착지인 비암비스타란 마을에 숙소가 하나뿐이기도 해서다. 대부분의 순례객들은 이곳을 지나쳐 비야프랑카까지 간다. 다음날 가 보니 비야프랑카는 매우 아름다운 마을이었다. 왜 이곳에 머물렀는지 지금도 의문이다. 마을은 작고 아담했다. 예약해 둔 산 로케 호스텔에 들어서니 1층은 레스토랑 겸 바다. 동네 노인들이 바에 기대어 있거나 또는 탁자에 앉아 커피나 맥주를 마시고 있다. 또는 신문을 보거나 알베르게 주인과 이런저런 이야기를 나누고 있었다. 숙소를 예약했다고 하니 여주인이 안내를 했다. 우리를 맞이하는 여주인은 상냥하고 친절하다. 말이 안 통하니 열심히 손짓, 발짓에 영어, 스페인어를 섞어 하며 가격, 식사, 내일 출발 시간 등 등록을 마쳤다. 그리고 나서 방을 안내해 주었다. 방은 레스토랑의 2층에 있으며, 침상이 열두 개에 매우 깔끔하게 정리되어 있었고, 야외 테라스와 연결되어 있었다.

 짐을 풀고 점심으로 라면을 끓여 먹고 싶은데 주방은 레스토랑 전용이라서 사용이 불가능했다. 마침 전자레인지가 있어 라면 끓이기 적당한 그릇을 빌렸다. 라면과 물을 넣고 전자레인지에 돌렸는데, 거의 불리는 수준으로 조리를 해 테라스로 나왔다. 탁자를 그늘에 옮겨 놓고 시원한 화이트와인과 함께 조용한 숙소에서 불은 라면으로 점심을 즐겼다. 아래층에 내려오니 부부가 숙소에 들어선다. 벨기에서 온 순례객이었다. 역시 손짓 발짓 해가며 등록을 준비한다. 옆에서 보니 우리와 별반 다르지 않아 대충 무슨 얘기를 하는지 알 것 같다.

 마을을 한 바퀴 둘러보는데, 워낙 작은 마을이라 별로 볼 것이 없다. 저녁은 근처에 식당이 없어 숙소 레스토랑에 부탁을 했다. 저녁은 레스토랑 별도의 룸에 준비를 해 놓았다. 우리 부부외 벨기에 부부 네 명뿐이다. 전식은 봉골레 스파게티가 나왔다. 우리가 알고 있는 토마토 베이스의 익숙한 맛이었다. 메인은 닭볶음탕이다. 와인이 함께 제공되는데, 역시 토마토 소스에 페페론치노가 들어가 있어 새콤하고 얼큰했다. 후식은 아이스크림이다. 아담한 룸에서 맛있는 음식과 와인이 있고, 대화 상대가 있어 분위기가 너무 좋았다. 식사 내내 까미노 길을 주제로 재미있는 대화가 이어졌다. 가격은 식사 9유로, 숙박비 6유로다. 한적한 마을에서 참 포근한 저녁을 가졌다.

  벨기에 부부는 삼사 일 더 걷고 집으로 돌아가 내년에 산티아고까지 마저 걸을 예정이라 했다. 몇 해 전에는 집에서 출발하여 프랑스를 거쳐 산티아고까지 2,000여km를 4개월에 걸쳐 걸었다고 한다. 내일 일찍 출발하여야 하니 저녁 식사 후 바로 잠자리에 들었다. 그런데 여태까지 수십 명이 한 공간에서 잠을 잤는데, 오늘은 단 네 명이서 자려니 조금 어색하다.

비암비스타-아타푸에르카

7. 8. 월요일
22.29km, 05:40-12:00

  숙박비에 아침 식사가 포함되어 있는데, 아침 일찍 출발한다고 했더니 주방 입구에 우유, 커피와 빵을 차려 놓았다. 간단하게 식사를 하고 숙소를 나왔는데 안개가 자욱했다. 이제 산티아고까지 500여km를 남겨 놓았다. 한 시간 남짓 걷는데 갑자기 빗방울이 떨어지더니, 잠시 후 본격적으로 비가 내린다. 급히 우의를 꺼내 입고 비야프랑카 마을을 지나 30분 정도 걸으니 비가 그쳤다. 고도를 1,000m 이상 오르니 구름이 비가 되어 내린다. 고도가 높고 비가 오니 날씨는 생각보다 쌀쌀해져 옷을 더 껴입어야 했다. 숲길을 따라 12km 이상 걸어 내려가니 오르테가 마을에 도착했다. 첫 번째로 만난 카페에 들러 따뜻한 커피로 몸을 녹였다. 까미노 길은 여름이어도 아침과 낮의 기온 차이가 매우 크다. 따라서 아침에 비라도 내리면 기온은 더욱 내려간다. 그 사이 대만 친구들이 도착해 반갑게 인사하고 아타푸에르카에서 만나기로 하고 우리는 먼저 출발했다.

숙소 엘 페레그리노 호스텔에 도착하니 열두 시인데, 체크인은 한 시부터다. 입구에 배낭을 내려놓고 벤치에서 쉬고 있는데, 순례자들이 속속 들어온다. 출발할 때 만났던 독일 학생들과 그라뇽에서 만났던 한국인 청년을 비롯해 그동안 많이 보았던 사람들이 모두 모였다. 대만 친구들도 잠시 후 도착했다. 이곳이 마을에서 가장 예쁜 알베르게라 인기가 좋은 까닭이다. 등록을 기다리는 동안 마을 티엔타에 가서 점심 식사 재료로 감자 양파 등 채소와 소시지를 구입했다. 체크인하고 방을 배정받은 후, 늘 그렇듯 샤워를 하고 나니 상쾌하다. 좁은 주방에서 점심을 준비해서 마당으로 가지고 나왔다. 와인을 곁들여 느긋하게 점심을 즐겼다. 점심을 먹는 사이 젊은 이태리 부부가 도착했다. 부인이 무릎이 많이 부어 힘들어했는데, 어찌 여기까지 왔는가 보다. 부부는 도미토리를 둘러보았는데, 이미 방이 다 찼다. 주인이 도미토리 건너편 건물의 방으로 안내했다. 도미토리는 10유로인데 개인실은 일 인당 30유로쯤이다. 부부는 그냥 묵기로 했는지 방에 들어가 짐을 풀었다. 가격이 비싸지만 몸이 불편하니까 좀 편히 지내는 것도 좋을 것이다.

저녁은 외식하기로 하여 숙소 근처 바에 갔다. 마을 유일한 바인 만큼 주민들과 순례객들로 만원이다. 대만 친구들도 옆 테이블에서 식사하고 있고, 한쪽에서는 할아버지들이 테이블에서 카드 게임에 열중이었다. 젊은이들은 바에 기대어 맥주를 마시고 있고, 조금 있다가 외출했던 숙소 주인도 들어와 손님들과 어울려 맥주를 마셨다. 몇몇 마을에서도 바나 카페에서 보았지만 모두 할아버지들만 있고, 할머니들은 볼 수가 없었다. 스페인의 문화인가 보다.

또 한 번의 여행

아타푸에르카-부르고스

7. 9. 화요일
19.83km, 05:20-11:30

　오늘은 까미노 길의 최대 도시 중 하나인 부르고스로 가는 여정이다. 시간을 단축하기 위해서 산길을 가로질러 가기로 했다. 일찍 도착하여 여유 시간에 관광도 하고 맛있는 음식도 맛볼 것이다. 그러나 출발부터 산을 하나 넘고 나니 비가 계속된다. 비라 해 봐야 흩뿌리는 정도라 오히려 상쾌하기는 하다. 산을 내려가니 우리와 다른 루트를 걸어온 대만 친구들을 만났다. 우리도 힘겹게 올랐는데, 그쪽도 상당히 힘들었단다. 그리고는 아침 식사를 하겠다며 길가에 있는 바로 들어가고, 우리는 부르고스를 향해 계속 걸었다. 부르고스에 들어가기 전 작은 마을의 알베르게 벽에 순례자의 모습이 재미있게 그려져 있다. 같은 포즈를 취하고 사진을 찍었다. 그리고 철길을 건너 부르고스 외곽에 들어섰다. 아직 아침 전이고 비도 계속 오고 있으므로 근처에 있는 바에 들어가서 토르티야와 맥주를 한잔 시켜 잠시 휴식을 취했다. 큰 도시인 만큼 한참 외곽인 데도 시내버스가 다닌다. 버스를 타고 편하게 십 분이면 도심까지 갈 수가 있지만 그냥 도심 대로를 따라 걷기로 한다. 이곳 외곽에서 도심까지는 한 시간을 더 걸어야 한다. 갑자기 맞은편에서 지나가는 차가 경적을 짧게 몇 번을 울린다. 쳐다보니 운전하고 있는 젊은 여자가 순례자인 우리들을 격려하고 있는 것이다. 사람들이 많이 다니는 도심에 들어서니 지나가던 몇몇 사람들이 "부엔 까미노!" 하며 엄지를 들어 보이며 격려해 준다. 우리가 만나 본 스페인 사람들은 매우 친절했다. 시골에서 농사를 짓고 있는 이에게도 인사를 하면 반드시 답례를 해 줬고, 마을에 들어서 마주치면 서로 웃어 주거나 궁금한 점을 물어보면 말이 안 통해도 자세히 설명해 준다. 우리도 대충 알아듣는다.

오늘 숙소는 시내 중심에 있는 호스텔이다. 내일 30km를 걸어야 하기도 하고, 도시 구경도 늦도록 해야 해서 충분한 휴식을 취할 수 있는 호스텔을 예약했다. 호스텔의 1층은 레스토랑이고, 2층부터가 숙소다. 호스텔의 체크인은 1층 바에서 여주인이 맞이한다. 우리가 영어를 사용하자 곧바로 휴대폰을 꺼내더니 구글 번역기를 내민다. 영어와 스페인어로 대화했지만, 한국어와 스페인어도 가능하다. 구글맵까지 있으니 해외여행이 이렇게 편안할 수가 없다. 아내가 무릎이 좋지 않아 찜질이 가능한 욕조가 있는 방을 예약했으나, 정작 샤워만 가능한 방으로 안내했다. 사정을 얘기하고 한참을 기다려 청소가 막 끝난 욕조가 딸린 방에 들어갈 수 있었다.

　샤워하고 무릎 찜질을 한 다음 점심을 먹으러 나섰다. 큰 도시에 왔으니 음식을 제대로 먹어야 했다. 널린 게 타파스바지만 우리 입맛에 잘 맞는 중국 음식을 먹기로 했다. 구글맵을 이용해 나름 유명한 중국집을 찾아 나섰다. 막상 가 보니 오늘 휴일인지 문이 굳게 닫혀 있다. 할 수 없이 근처 슈퍼에서 과일과 와인을 사고, 도미노피자에서 피자 한 판을 사 와 숙소에서 먹었다. 오후에는 시내 중심가에 나가 시내 구경을 했다. 화려하기 그지없는 부르고스 대성당을 둘러보고 내일 새벽 도시를 빠져나가는 루트를 확인하고는 호텔로 돌아왔다. 호텔 1층 바는 동네 할아버지들의 사교장인가 보다. 삼삼오오 스탠드바에 모여 이름 모르는 술을 한 잔씩 시켜 놓고 수다에 한창이다. 일찍 잠자리에 들기 서운해서 타파스에 와인 몇 잔 했다. 마지막에 스페인 할아버지가 추천하는 이름 모를 독주를 한잔했더니 어질어질하다. 올라가서 내일 장거리 여행을 위해 잠자리에 든다.

까미노 데 산티아고 프랑스 길

부르고스-온타나스

7. 10. 수요일
31.37km, 05:30-12:30

　어두컴컴한 시내로 나와 부르고스 대성당을 끼고 돌아 골목을 지나는데, 우리 뒤로 후드티를 입은 젊은이 셋이 따라온다. 가는 길이 같은 방향인지, 우리를 따라오는지 도무지 알 수 없다. 스틱을 단단히 쥐고 잔뜩 긴장하고 가고 있는데, 마침 앞에 신문을 배달하는 젊은 여자가 지나간다. 일부러 말을 걸어 시간을 끌며 젊은이들이 지나가기를 기다렸다가 우리 길을 갔다. 컴컴한 새벽에, 그것도 말도 안 통하는 외국에서 낯선 이를 만나니 살짝 두렵기도 하다. 아직 여정이 많이 남았고, 숙소 및 식당 대부분이 현금 결제이므로 현금을 꽤 많이 가지고 있기 때문에 조심하지 않을 수가 없다. 도심을 빠져나가다 한 번 길을 잃어 지나가는 동네 분의 도움을 받아 겨우 제 코스를 찾을 수 있었다. 좁은 골목길은 코너마다 표시가 잘 되어 있지만 대로에 나오면 보도 바닥에 있기도 하고 코너 벽면에 있기도 하는데, 신호등을 건너야 하고 해서 주의를 잠깐 놓치면 길을 잃어버릴 수 있다.

어제 비의 영향인지 800m가 넘는 고도 때문인지, 아침 기온이 9도 안팎이어서 꽤 쌀쌀하다. 해가 뜨기 전까지는 옷을 두툼하게 입고, 해가 퍼지면 겉옷을 벗어야 한다. 해가 지평선에서 올라오면서 밀밭길인 메세타 구간에 들어섰다. 그늘 하나 없는 밀밭길을 20여km를 걷는다. 구름 하나 없고 태양은 내리쬐어 기온은 거의 30도에 이르지만 바람이 솔솔 불어 주어 땀이 흐르기 전에 날아가 버린다. 그래도 몇 시간을 변하지 않는 풍경을 보며 걷는 길은 지루하지 않을 수 없다. 메세타 구간 중간쯤 왔을 때 오르미요스 마을이 나타났다. 알베르게도 몇 개 있는 조그만 마을이지만 사막의 오아시스를 만난 듯 반가웠다. 맥주 한잔으로 잠시 더위를 피할 수 있었다. 오늘 목적지인 온타나스를 앞두고 아료요 산볼이라는 알베르게를 만났다. 나지막한 언덕에 알베르게만 달랑 하나 있다. 자연 친화적으로 사는 젊은이가 운영한다고 하는데 식사는 알베르게에서 제공하고, 주위에 다른 건물이 없어 밤에 별 보기 좋은 장점도 있다.

온타나스에 도착하니 마을 입구 알베르게에 이미 이태리 친구가 짐을 풀고 휴식을 취하고 있다. 우리는 좀 더 내려가 공립 알베르게를 찾았는데, 문이 굳게 닫혀 있다. 아직 오픈 전인지 알베르게 맞은편 벤치에서 두어 명이 더 기다리고 있다. 우리도 짐을 놓고 기다렸다. 잠시 후 마을 사람이 와서 공립 알베르게가 아주 문을 닫았다고 알려 준다. 그러면 이제 사설 알베르게를 찾아야 한다. 마을 입구 알베르게는 앞마당도 널찍하고 바도 갖추고 있어 지내기 편리하지만 이미 사람들이 너무 많다. 공립 알베르게 바로 맞은편의 사립 알베르게에 문의하였다. 알베르게 1층의 조그만 슈퍼에서 젊은이가 우리를 맞았다. 우선 방을 볼 수 있는지 물어보니 숙박비를 지불해야 볼 수 있단다. 우선 주방 및 뒤뜰을 보고 마음에 들었는데, 자신 있어 하는 태도에 믿음이 가 숙박비를 지불하고 숙소로 올라갔다. 역시 깔끔하고 깨끗하다. 대부분의 순례객들은 넓은 마당이 있는 마을 입구 후안 데 이에페스 호스텔에 묶고 있어서 마을 안쪽에 위치한 알베르게 산타 브리지다에는 우리뿐이다. 넓은 주방을 독차지할 수 있어 좋았다. 점심을 차리고 뒷마당 그늘에서 여유롭게 식사를 하는데, 젊은 한국인 부부가 들어온다. 며칠 전 그라뇽에서 만났던 부부다. 그때 부인은 지쳐서 그늘에 쉬고 있고, 남편은 숙소를 찾아 마을을 헤매고 다녔었다. 오는 도중에 남편이 발을 다쳐 한 이틀 쉬어 가야겠다고 한다. 치료 잘하고 부디 완주하길 빌어 준다.

온타나스-프로미스타

7. 11. 목요일
34.24km, 05:20-14:00

가장 길고 힘든 하루였다. 오르막도 심했고 풍경도 온통 밀밭뿐이어서 지루했으며, 오전 9시가 지나면서 바람 한 점 없는 벌판에 내리쬐는 햇볕이 따가웠다. 두 시간 정도 걸었을까, 아주 오래된 마을이 나왔다. 마을 골목 양쪽으로 알베르게와 숙소들이 있는데, 커피 한잔 마실 수 있는 바나 카페가 없다. 마을을 빠져나가는데 대만 친구들이 쉬고 있다. 마을 뒤편 언덕 위에 있는 조그마한 성을 다녀왔는데 별로 볼 것이 없어 힘만 쓰고 실망했다고 한다. 오늘의 목적지가 같은 프로미스타여서 앞서거니 뒤서거니 갔다.

14일 차가 되니 처음부터 걸었던 낯익은 모습들은 점점 사라지고, 새로운 얼굴들을 만나게 된다. 걷는 속도가 다르고 목적이 다르기 때문에 같은 날 출발했다고 해서 같은 일정으로 걷는 것은 거의 불가능하다. 따라서 순례길 중에 만나고 헤어지기를 무한 반복 한다. 그래서 처음에 만났던 순례자들을 만날 때마다 반갑고, 요란스럽게 인사하는 건 역시 짧은 시간이지만 그동안 알게 모르게 쌓았던 정이 있나 보다. 특히 대만에서 온 다섯 명의 젊은이들은 생장부터 얼굴을 익혀서 더욱 기억에 남는다.

프로미스타로 가는 길은 정말 멀었다. 수로를 한 참 따라가니 수로 끝에 마을이 나타났다. 프로미스타에 도착한 것이다. 며칠 전부터 아내가 무릎 통증 때문에 걷기 불편해했는데, 오늘은 통증이 몹시 심한 모양이다. 마을 입구에 있는 슈퍼에서 차가운 음료로 목을 축이고 예약해 놓은 숙소인 산 페드로 호스텔에 도착해 침대를 배정받았다. 중년의 아저씨가 아주 친절하게 맞이하며 침실과 부엌 등을 안내해 주었다. 침실의 맞은편 침대에는 한국 청년들이 이미 도착해 오침을 즐기고 있다. 뒤뜰에는 여러 개의 테이블과 탁구대가 있고 빨래터가 있다. 부엌은 여느 알베르게와 마찬가지로 매우 좁아 한 팀만 들어갈 수 있어 교대로 음식을 해 먹어야 한다. 우선 음식 재료를 구입하러 슈퍼에 갔다. 점심, 저녁과 내일 아침에 먹을 것을 고르고 계산을 하려는데, 잔돈이 없어 100유로 지폐를 건넸더니 계산하시던 분이 이리저리 살펴보다가 옆에 있는 마을 사람에게도 보여 주고 하더니 다시 돌려준다. 받을 수 없단다. 아마 고액권인 데다 최근에 나온 신종 지폐라서 받기가 불안했나 보다. 까미노 길을 걷다 보면 커피나 맥주 등의 가격이 1~2유로 정도이기 때문에 모두 현금으로 결제를 해야 한다. 따라서 잔돈을 늘 확보해야 해서 커다란 슈퍼에서 물건 살 때나 숙박비를 결제할 때 100유로 지폐로 지불하고 거스름돈을 받아 두곤 했는데, 공교롭게 잔돈이 떨어진 것이었다.

숙소로 돌아와서 점심을 해 먹고 뒤뜰에서 오후 시간을 보냈다. 탁구를 치는 사람들도 있고, 간단한 안주에 와인을 먹으면서 시간을 보내고 있었다. 여기서 많은 사람들을 만났고 이후 남은 기간 동안 길에서 또 숙소에서 몇 번을 만나게 된다. 저녁 식사 후 2층 휴게실에서 대만 친구들과 얘기하는 도중에 아내가 무릎이 아파 걱정이라고 하니 한 친구가 자기도 이미 진통제를 먹으면서 걷고 있다며, 한번 먹어 보라며 약 몇 알을 주었다. 이 약이 이부프로펜이라는 약이었는데, 아내가 까미노 길을 완주하는 데 결정적인 역할을 했다.

까미노 길에 있는 알베르게에는 보통 에어컨이 설치되어 있지 않다. 낮에는 30도에서 거의 40도 가까이 온도가 올라도 저녁과 새벽에는 10도대로 떨어지기 때문이다. 그런데 이곳 알베르게는 도심 한복판에 위치해서 그런지 잠자리에 들었는데, 더위 때문에 쉽게 잠이 들지 않았다. 게다가 침실의 창이 길가에 있기 때문에 소음에 예민한 사람은 창문을 닫고 조금 있다가,

어떤 사람은 덥다고 다시 열기를 반복하여 거의 새벽녘까지 뒤척인 것 같다.

프로미스타-까리온 데 로스 콘데스

7. 12. 금요일
18.8km, 05:00-09:40

이틀간 여러 가지 이유로 하루에 30km 넘게 걸어서 오늘은 짧게 걷고 오후에 휴식을 취하기로 했다. 해 뜨기 전까지는 고도가 800미터가 넘는 관계로 선선하기보다 얼얼하게 추웠다. 겨우 해가 떠서야 시르가 마을에 도착해 맥주와 토르티야로 아침을 하고 겉옷을 벗을 수 있었다. 어제 대만 친구들이 준 진통제 덕분인지 아내는 별 통증 없이 잘 걷는다. 다행이 아닐 수 없다.

알베르게에 도착하니 아홉 시 사십 분이다. 수녀원에서 운영하는 공립 알베르게다. 열한 시 반부터 등록을 하니 거의 두 시간이 남았다. 배낭을 문 앞에 내려놓고 마을을 구경하고, 슈퍼에 가서 장을 보고 알베르게에 돌아오니 우리 배낭 뒤로 순례객들의 배낭이 죽 늘어섰다. 바로 뒤에 있는 거구의 친구는 어제 옆 침대에서 같이 묵었었다. 비닐봉지에서 복숭아를 꺼내 먹으라고 준다. 조금 후에 대만 친구들도 도착했다. 그리고 팜플로나에서 처음 보고 중간중간에 잠시 함께 걸었던 스페인 할아버지가 들어왔다. 산토 도밍고에서 헤어진 후 일주일 만이다. 특유의 나무 지팡이를 짚고, 작은 배낭을 메고 걸으며, 큰 배낭은 매일 부치신다.

알베르게 문이 열리고 등록이 시작됐다. 로비 한편 의자에 앉아 순서대로 등록을 하고 침대를 배정받으면 자원봉사자가 숙소 설명을 하고 침실 및 여러 시설에 대해 안내를 한다. 기다리는 동안 서로 인사를 하고 순례길 얘기를 했다. 우리에게 복숭아를 건넸던 거구의 친구는 캐나다 퀘벡에서 왔는데, 이번이 두 번째라 한다. 언어도 영어, 불어 외에 스페인어도 능숙하다. 스페인 할아버지에 대해서도 조금은 아는 모양이다. 벌써 몇 년째 걷고 있다고 알고 있는데, 사정은 자세히 모르는 모양이다. 할아버지를 알아보는 사람이 많아 인사를 하고 같이 사진을 찍는다. 우리도 이미 얼굴을 익힌 터라 반갑게 인사하고 사진을 같이 찍었다. 자원봉사자가 등록을 마치고 알베르게 안내를 했다. 2층에 있는 숙소는 1인 독침대다. 침대보도 고급이고, 역대 최상급이다. 침상이 족히 백 개는 되어 보인다. 1층에는 주방과 식당이 있다. 알베르게 규모만큼 역시 널찍하다.

오늘은 편하게 식사를 준비할 수 있겠다. 슈퍼에서 사 가지고 온 소고기로 스테이크를 하고, 파스타도 만들어 여유 있게 점심을 먹었다. 대만 친구들도 소시지, 계란과 파스타로 점심을 준비했다. 늘 그러하듯이 빨래와 샤워를 하고 편안한 침대에서 늘어지게 한숨 잤다. 점심 먹고 난 후 시간이 많지만, 해가 있으면 더워서 또는 비가 오면 번거로워서 숙소에서 잠을 자거나 와이파이가 연결되면 인터넷을 하는 정도다. 저녁 즈음에 해도 떨어지고 더위가 한풀 꺾였다. 와인과 샐러드를 바구니에 담고 간이 의자를 챙겨서 마을 아래 강가에 피크닉을 갔다. 여행하면서 가장 신나는 일이다. 강변 숲속에서 마을 사람들은 가족끼리 혹은 친구들과 바베큐 파티를 하고, 음악을 틀어 놓고 춤을 추기도 한다. 아이들과 젊은이들 어른들 또한 강에 들어가 물놀이를 하며 더위를 식히고 있다. 우리는 강가 잔디밭에 자리를 펴고, 준비한 샐러드와 와인을 마시며 마을 사람들 즐거워하는 모습을 눈으로 즐겼다. 그런데 갑자기 몇 사람이 우리에게 오더니 어디서 왔느냐, 여행 중이냐 등을 묻는다. 한국에서 왔다고 했더니 주위의 친구들을 소리쳐 불러 모아 사진을 찍자고 했다. 영문도 모른 채 사람들에 둘러싸여 사진을 찍고 나서 잠시 얼떨떨했다. 아무튼 마을 사람들과 즐겁게 어울리는 것은 기분 좋은 일이다.

까리온 데 로스 콘데스
-테라디오스 데 로스 템플라리오스

7. 13. 토요일
26.13km, 05:10-11:30

　날이 밝으면서 길 양쪽으로 해바라기밭이 나오고 그 너머로 밀밭이 죽 이어진다. 밀밭 가운데에 간이 카페 트럭도 있다. 카페 트럭에서는 음료와 샌드위치 등 간단한 식사를 할 수 있다. 한참 걷다가 뒤에서 갑자기 말이 나타나 깜짝 놀랐는데, 말 타고 순례하는지 그냥 말 타고 여행하는지 말을 끌고 가다가 타고 가다가 한다. 네 시간쯤 걸어 지칠 만하니 꾸에사 마을이 나타났다. 바람도 불고 쌀쌀해서 커피 한잔하러 카페를 찾아 들어갔다. 대만 친구들도 곧이어 들어와 자리를 잡고 음료를 주문했다. 그중 제일 어린 여자 친구는 발목을 다쳤는지 얼음주머니를 얻어 찜질을 하고 있었다. 카페에서 손님이 요구하면 비닐봉지에 얼음을 넣어 준다. 순례객을 배려하는 것이다. 입구

근처에 동양인 젊은 여자가 휴대폰 충전을 하며 인터넷에 열중이다. 한국이나 대만 사람은 아니고, 일본 사람으로 보였다. 카키색 바지에 반팔 티셔츠 그리고 짧은 머리와 묵직한 배낭을 보니 단순 순례객은 아닌 것 같아 보였다.

아직 갈 길이 멀어 서둘러 계산을 하고 출발을 하였다. 오늘 목적지 레디고스에 도착하였는데, 아직 열한 시도 안 됐다. 오늘은 편하게 23km쯤 걸어 레디고스까지 갈 생각이었는데, 바람이 불어 날씨도 좋고 길도 좋아 생각보다 일찍 도착한 것이다. 3km를 더 걸어 테라디요스까지 가기로 했다. 마을로 들어서니 입구에 공립 알베르게가 있는데, 문을 닫았다. 좀 더 마을 안쪽으로 들어가니 아담한 정원을 가진 알베르게가 나왔다. 이 마을에서 유일하게 문을 열고 있는 알베르게 자케 드 몰라이다. 기다렸다가 숙소를 배정받았는데, 운이 좋게도 2인실이다. 부르고스의 호스텔을 제외하고 알베르게에서 도미토리 가격에 2인실은 처음이다. 짐도 마음대로 풀어 놓고, 옷도 마음대로 갈아입을 수 있어 마냥 편하기만 하다. 6인실 등 다인실의 알베르게는 자기 전에 짐도 정리해야 하고, 잠자다가 화장실 가기도 조심스럽고, 새벽에 짐 꾸려 나가기도 신경이 많이 쓰인다. 너무 조심하다 보면 조그마한 물건들을 두고 나오는 경우도 있다. 하여간 방에 짐을 하나 가득 풀어 놓고 샤워를 하고 옷을 갈아입고 하는데, 남의 시선을 상관 안 하니 편하긴 편하다. 샤워를 하고, 카페에서 와인을 한 병 사고, 올리브 안주를 가지고 옥상 테라스에서 저녁 식사 때까지 여유를 즐긴다. 저녁은 순례자 세트 메뉴였다. 빵, 샐러드와 수프가 나왔는데, 이름 모르는 수프가 맛있었다.

저녁을 먹고 방에 들어오니 인터넷이 안 터진다. 알베르게 카페에서만 잘 되고, 숙소에서는 연결이 안 된다. 남의 시선을 신경 쓰지 않으니 불 환하게 켜 놓고 밤늦게까지 이번 여행 이야기가 계속되었다. 인터넷이 안 되는 덕도 본다. 인가가 별로 없는 창밖은 그야말로 암흑이다. 테라스에 나가 보니 초저녁에 내리던 비도 그치고, 바람이 선선하게 분다.

테라디오스 데 로스 템플라리오스
-엘 부르고 라네로

7. 14. 일요일
30.44km, 05:10-12:30

오늘과 내일 이틀 동안 67km를 걸어 레온에 들어갈 계획이다. 세 번에 나눠 가기에는 한 구간이 너무 짧아, 무리하긴 하지만 두 번에 30km씩 걷기로 했다. 새벽 일찍 출발해 사하군까지 13km를 세 시간 만에 왔다. 마을 광장 한 편에 바가 문을 열었다. 바에 들어서자 안쪽에서 먼저 와 있던 대만 친구들이 반갑게 손을 흔든다. 크루아상이 맛있으니 반드시 맛보라 한다. 크루아상 한 개와 맥주 두 잔으로 아침을 대신한다. 오늘은 날씨가 다소 쌀쌀해 차가운 맥주가 부담스럽다. 크루아상은 추천한 대로 바삭하고 고소하다. 대만 친구들은 여기서 점심을 먹고 가기로 했단다. 이 마을이 전 여정의 절반이 되는 마을이며, 오늘이 일요일이라 교회에서 발급하는 증명서를 발급받고

미사에도 참석할 계획이다. 인사를 하고 우리의 길을 나섰다.

　마을을 빠져나오니 사방이 밀밭이다. 밀밭이 끝나면 해바라기밭이 시작되다가 다시 밀밭길이 이어진다. 아직 계절이 일러서인지 해바라기는 이제 조그맣게 피기 시작했다. 한 달 정도만 지나면 이 넓은 벌판이 아름다운 해바라기밭으로 변하겠다. 밀밭을 옆에 두고 플라타너스 가로수가 있는 아스팔트 길이 또 끝없이 이어진다. 해가 정수리를 내리쬐는 정오를 넘어서 엘 부르고에 도착했다. 알베르게 몇 개와 바 몇 개 그리고 티엔타 하나 있는 작은 마을이다. 오늘 묵을 공립 알베르게를 찾아갔다. 오래된 작은 알베르게인데, 건물 뒤에 작은 정원이 있다. 아직 오픈 전이어서 문 앞 벤치에 순례객이 기다리고 있다. 가만히 보니 한국인으로 보인다. 말을 걸어 보니 캐나다에서 직장 생활을 하는 젊은이였다. 잠시 시간을 내어 까미노 길을 걷고 있는 중이었다.

　시간이 되어 숙소를 배정받으러 알베르게 안으로 들어가 차례대로 침대를 배정받는다. 고맙게도 기다리는 동안 시원한 레몬 물을 준비해 제공하고 있다. 이태리와 독일인 자원봉사자가 접수를 도와주었다. 숙박료는 기부제다. 침대 배정 후 베개 커버와 침대 커버를 받고 출입구에 있는 함에다 숙박료를 알아서 지불한다. 대략 5유로 정도 지불한다. 침대에 짐을 풀러 이층으로 올라가는데 나무 계단이 삐걱거린다. 은근히 목재 가구에서 잘 발견된다는 베드 버그 걱정이 앞선다.

　우리 침대는 방 입구의 일층과 이층이고, 캐나다 교포 청년은 맞은편 일층이다. 주방에 내려가 살펴보니 누군가 남겨 놓은 밀가루가 있다. 밀가루 음식을 좋아하는 아내가 반가워한다. 알베르게에서 가까운 가게로 장을 보러 갔다. 작은 마을에 의외로 다양한 식료품을 구비하고 있었다. 냉동 해산물을 사서 주방에 있던 밀가루로 수제비를 해 먹었다. 오랜만에 고향의 맛을 먹는 느낌이었다. 교포 청년은 스파게티를 사 와 가지고 온 라면 수프 끓인 물에 삶아 먹는다. 신박한 아이디어인데, 인터넷에서 배운 방법이라 했다.

　내일도 30km를 넘게 걸어야 해서 짐을 부치기로 했다. 보통 알베르게에서 부칠 수 있는데, 이곳은 알베르게 앞의 바에서 취급한다. 점심 식사 후 짐을 부치기 위해 알베르게 앞에 있는 바를 찾았다. 바의 직원이 내일 아침 여섯 시 반에 오픈하니 그 이후에 짐을 가져와야 한단다. 그러나 우리는 여섯 시 이전에 출발해야 하는데, 내일 아침 짐을 바의 문밖에 두고 가야 할지, 오늘 저녁에 두고 가야 할지 망설였다. 숙소로 돌아와 필요한 침낭 등을 제외하고 짐을 꾸려 저녁에 바에 운반을 의뢰했다. 다음 목적지까지 운임은 5유로였다. 건물과 침상의 오래됨이 맞지 않아 침상의 크기가 방의 크기와 다르다. 맞은편 침대가 커서 문이 닫히지 않는다. 방 안의 불을 꺼도 열린 틈새로 불빛이

들어오고, 화장실 가느라 사람들이 들락거리는데, 앞 침대의 청년은 잠을 잘 잤는지 걱정됐다.

엘 부르고 라네로-레온

7. 15. 월요일
37.28km, 04:40-13:30

　오늘은 너나없이 장거리 여행이다. 해가 본격적으로 뜨거워지기 전인 두 시 이전에 도시에 들어가려면 서둘러야 한다. 어젯밤에 잠도 잘 못 잤거니와 네 시 이전부터 여기저기서 부스럭거리고 알람이 울려 별수 없이 우리도 일어났다. 이전부터 잠이 깨었으나, 이제 일어나야 할 시간인 것이다. 짐을 모두 들고 주방으로 가져와 어제 사 두었던 요거트와 도넛 반 개씩 먹고 출발했다. 새벽은 쌀쌀했고, 해가 뜬 후 한참까지도 더위를 느끼지 못할 정도로 시원하다. 오늘 새벽에 달을 처음으로 봤다. 그전에도 있었는데 못 보았는지 꽤 높이 떠 있는 달을 보며 걸었다.
　간단한 요기를 하기 위해 바에 들러 커피와 토르티야를 주문했다. 일본인으로 보이는 중년 커플이 들어와 커피를 주문해 마신다. 계산하고 나가다가, 우리 자리로 와 이런저런 얘기를 하였다. 놀랍게도 까미노 길을 출발한 지 한 달째라 한다. 우리는 18일째인데 자기네는 하루 15km 정도 걸어 60일을 목표로 산티아고에 갈 예정이란다. 여유로운 모습이 부럽기도 하고, 일정이 너무 길어 지겹지 않을까 하는 생각도 든다. 그런데 두 사람 모습이 평화스럽고 자연스럽다. 우리 부부와 비슷하기도 하단 생각이 든다. 무슨 사연들이 있는지 어제와 오늘 몸이 불편한 분들이 우리와 같은 길을 걷고 있다. 걷는 속도는 느리지만 같은 장소에서 출발하여 같은 장소에 도착한다. 우리가 먼저 도착해 샤워와 점심을 끝냈을 때 비로소 숙소에 들어선다. 중간에 추월할 때 "부엔 까미노!" 하고 인사하며 지나가지만, 왠지 미안하고 부끄러운 마음이 든다.

드디어 레온에 도착해 숙소인 공립 알베르게에 들어섰다. 매우 커다란 알베르게로, 숙소 입구에 등록하려는 순례객들이 줄을 서 있다. 그동안 순례길에서 보지 못했던 새로운 순례객들도 많이 보였다. 레온에서 새롭게 시작하는 순례객들이 꽤 많은 느낌이다. 점심 식사 후 레온 시내를 둘러보았다. 스페인 도시를 많이 다니지는 않았지만, 레온이라는 도시는 가장 기품이 있고 안정되었다는 느낌을 받았다. 안토니오 가우디가 디자인한 은행 건물도 있었다. 큰 도시인만큼 골목골목 관광객과 순례객들로 붐볐고, 맛있는 음식을 파는 레스토랑 및 카페도 많고, 기념품을 파는 가게 등이 순례객과 관광객들로 성황이다.

큰 도시에는 반드시 중국 음식점이 있다. 스페인 음식에 지친 아내를 위해 매콤한 음식을 먹을 수 있는 중국 음식점을 검색해 찾아갔다. 큰 도시인 만큼 음식점 규모도 컸고 음식도 중국 정통 스타일에 가까웠다. 오래간만에 식사다운 식사를 한 기분이었다. 음식점을 나와 가장 번화한 거리의 노천카페에서 와인을 시키니 피자 한 조각을 서비스로 준다. 스페인에서는 커피를 시켜도 비스킷 하나를 주고, 맥주나 와인을 시키면 지역에 따라 다르지만 올리브, 토르티야 또는 피자 한 조각을 곁들여 준다. 한두 잔 마실 거라면 굳이 음식을 따로 주문하지 않아도 좋다. 와인 한잔하면서 지나가는 사람들을 보는 것도 즐거움의 하나다. 숙소 돌아오는 길에 상점을 기웃거리다가 기념으로 모자 하나를 구매했다. 숙소에 돌아와 보니 며칠 전에 무릎이 부어 힘들어했던 이태리 부부가 옆 침대에 짐을 풀고 있다. 힘든 일정을 잘 참고 여기까지 왔다.

레온-산 마르틴 델 까미노

7. 16. 화요일
24.5km, 05:40-11:40

어스름한 새벽에 도시를 빠져나왔다. 이제는 주위 풍경이 사뭇 달라졌다. 어제까지는 밀밭, 해바라기밭, 포도밭 등 수십 킬로미터에 이르는 드넓은 평야 지대를 걸었는데, 오늘은 도로를 따라 걸으며 수시로 마을을 지난다. 따라서 자연스럽게 자주 쉬며 커피며 맥주를 마실 수 있었다. 걷는 속도는 느려지지만 지루하지는 않다. 오늘은 유난히 한국 사람들을 많이 만났다. 엄마와 딸, 아빠와 아들 일행들을 보았다. 엄마와 딸 일행은 어디서 출발했는지는 모르지만, 우리가 머물 마을을 지나서 오르비고까지 걸을 예정이란다. 그런데 그렇게 무리해서 가는 이유가 있었다.

오늘 목적지인 산 마르틴 마을을 앞두고 비야당고스 델 파라모 마을에 도착해서 바에 들러 맥주 한잔 마시며 휴식을 취했다. 들은 바로는 산 마르틴에는 변변한 슈퍼가 없다고 하여 쉬는 김에 마을을 둘러보고 장을 보기로 했다. 마침 정육점이 있어 점심에 먹을 돼지고기를 샀다. 그리고 약 한 시간여를 걸어 오늘의 목적지 산 마르틴에 도착했다. 오늘 숙소는 공립 알베르게다. 길가에 위치하고 있고, 정문을 들어서면 잔디밭이다. 잔디밭을 가로질러 가면 아담한 단층 건물이 있다. 자원봉사자는 중년 남자로, 홀의 한가운데에 책상을 놓고 등록을 받고 있었다. 홀의 한쪽에는 약간의 식료품과 양념이 진열되어 있는데, 놀랍게도 이 시골에 신라면과 김치 라면이 진열되어 있다. 반가운 마음에 각 한 개씩 샀다. 나중에 알고 보니 중년의 자원봉사자는 저녁 식사까지 손수 준비하였다.

침대를 배정받고 샤워와 빨래 후, 근처 슈퍼에서 맥주와 채소를 사 와 전 마을에서 사 온 돼지고기로 제육볶음을 했다. 준비한 음식을 들고 마당에 나왔다. 잔디마당에는 테이블이 여러 개가 있다. 그중 한 군데에 자리를 잡고 근사하게 점심을 먹었다. 식당에서 점심 준비를 할 때 주인장도 옆에서 돼지고기를 볶고 열심히 요리를 하고 있었다. 순례자를 위한 저녁을 준비하고 있는 것이었다. 숙소를 등록할 때 저녁 식사 예약을 받았는데, 우리는 저녁을 간단히 먹기 때문에 신청을 안 했으나, 나중에 알고 보니 주인장 요리 솜씨가 매우 훌륭하여 맛있었다고 한다. 우리를 제외한 모든 순례자가 신청한 것 같다. 사실 힘든 순례길을 걷고 와서 손수 저녁을 해 먹기가 쉽지는 않다. 특히 젊은 사람에게는. 돼지고기를 안 사 왔으면 우리도 신청하였을 것이다. 순례객 모두 한데 모여 왁자지껄 식사하는 모습을 보니 왠지 부럽기도 하였다. 그렇지만 둘만 오붓하게 정성껏 준비한 음식을 놓고 시간을 보내는 것을 남들이 보면 부러워할 것 같기도 하여 위안이 되기도 한다.

각자의 점심 식사 후 더위를 피해 오침을 즐기고, 해가 한풀 꺾인 늦은 오후에는 알베르게 앞뜰에서 삼삼오오 모여 책을 읽기도 하고, 맥주나 와인을 즐겼다. 앞으로 약 300km 남았으니 거의 삼 분의 이를 온 셈이다. 그나저나 아내가 며칠째 무릎 통증을 진통제로 해결하고 있는데, 산티아고까지 완주할 수 있을지 걱정이다. 남은 삼 분의 일도 더 악화되지 말고 즐거운 여행이 되도록 노력해야겠다.

숙소는 꽤 오래되어 많이 낡아 있었다. 한국인은 며칠 전에 만났던 젊은이뿐이고, 모두 다음 마을로 간 것 같다. 마당에서 저녁 늦게까지 와인을 마시며 놀다 밤하늘의 별을 실컷 봤다.

산 마르틴 델 까미노-아스토르가

7. 17. 수요일
22.92km, 05:10-11:30

오늘 목적지는 아스토르가며, 비교적 짧은 거리를 걷는다. 아스토르가 마을은 제법 큰 마을이어서 일찍 도착해 마을 구경도 하고 점심거리도 풍부할 것 같아 부지런히 걸었다. 새벽에 도로를 따라 한 시간여를 걸으니 아름다운 마을 오르비고에 도착했다. 마을 입구에는 예쁜 다리가 있고, 다리를 건너 골목 양쪽으로 알베르게가 줄지어 있다. 이른 아침이어서 마을은 조용하고, 몇몇 알베르게에서 순례객들이 순례를 떠나기 위해 문을 막 나서고 있었다. 마을이 예쁘기도 하고, 얼마 전 가수 지오디 멤버들이 묵어 간 곳이기도 해서 한국 순례객에게 인기가 많은 마을이다. 마을을 뒤로하고 황톳길 언덕을 한참 올라갔다. 꼭대기 쉼터에서 납작복숭아를 먹으며 쉬고 있는데, 앞서가던 여자가 가던 길을 돌아왔다. 자기는 이태리에서 와서 여행 중인

데, 멀리서 우리 사진을 찍었다고 보내 주겠다 한다. 줌이 달린 카메라를 목에 걸고 있는 것을 보니 사진을 전문적으로 찍는 작가인 듯 보였다. 작품 사진을 기대하고 이메일 주소를 알려 주었는데, 결국 받지 못했다.

언덕을 넘어서니 멀리 아스토르가 마을이 보인다. 언덕을 내려오는 길에 나이 지긋한 부부 순례객을 만났다. 일본인이냐고 물어봐 한국인이라 하니 "안녕하세요." 하고 한국말로 인사를 한다. 그러면서 자신들은 잉글랜드에서 왔다고 한다. 나는 "오, 그레이트 브리튼?"이라 하니 할아버지께서 "노, 리틀 브리튼."이라며 겸손인지 자조인지 씩 웃는다. 오전 중에 아스토르가에 도착했다. 알베르게는 마을 중심의 가장 높은 곳에 위치해 있으며, 수도원이 운영하고 있어 시설도 꽤 훌륭하다. 입구에서는 학생들로 보이는 청년들이 접수를 맡고 있었다. 특이한 점은 접수할 때 발 치료 봉사의 예약을 받고 있었다는 점이다. 장시간 걷기에 익숙하지 않은 사람들은 발에 물집이 잡혀 고생하고 있다. 우리는 다행히 평소에 많이 걸었기 때문인지 물집이 잡히지 않았지만, 꽤 많은 사람들이 치료를 받고 있었다. 치료사들도 자원봉사자들로, 인근 대학교 학생으로 보였다. 다른 공립 알베르게에 비해 시설이 훌륭해서 거의 만원이었으며, 그동안 못 보았던 한국 젊은이들이 많이 보였다. 공립 알베르게도 큰 도시와 작은 시골 마을은 큰 차이가 있다. 큰 도시는 수도원 등의 시설을 이용하고 있어 규모 면에서 크고 봉사하시는 분들이 많아 숙소나 주방, 샤워실 등이 깨끗하게 관리되어 있다. 반면에 작은 시골 마을은 건물도 노후한 데다가 대부분 한 사람의 자원봉사자가 관리하기 때문에 구석구석 신경을 쓸 여유가 없어 부족한 면이 많다. 하지만 규모가 작은 만큼 주인장과 순례객 사이에 많은 대화를 할 수 있어 친밀한 분위기를 느낄 수 있다.

 침대를 배정받은 후 서둘러 나와 마을 구경 겸 슈퍼를 찾았다. 마을이 큰 만큼 슈퍼도 규모가 있어 오랜만에 해산물을 살 수가 있었다. 새우와 꼴뚜기를 사 와 해산물 파스타를 준비했다. 주방은 알베르게 규모에 걸맞게 깔끔했고, 집기도 잘 갖추어져 있었다. 한국 젊은이들은 여러 명이 공동으로 스파게티와 삼겹살을 푸짐하게 차려 식당에서 즐겁게 식사를 했다. 우리는 해산물 파스타를 들고 테라스로 나왔다. 한낮이라 약간 덥기는 했지만 알베르게가 높은 곳에 있어서 전망은 좋았다.

 점심 식사 후엔 가우디 건축물이 있는 시내 구경을 했다. 시내는 성당 앞 광장에 카페와 기념품 가게가 몰려 있다. 마을 구경을 하고 숙소에서 쉬다가 저녁때가 되어 점심으로 먹다 남아 냉장고에 넣어 둔 냉파스타와 와인을 가지고 알베르게 바로 옆에 있는 공원으로 나왔다. 공원은 마을의 가장 높은 곳에 위치해 있고, 아래로 마을이 펼쳐져 있다. 공원 한가운데에는 조그마한 카페가 있고, 유모차를 끌고 나온 젊은 부부, 요가 매트를 깔고 몸을 푸는 젊은이들 그리고 많지는 않지만 관광객들도 듬성듬성 보였다. 우리도 공원 한쪽에 자리를 잡고 언덕에서 석양을 바라보며 간단하게 저녁을 즐겼다.

아스토르가-폰세바돈

7. 18. 목요일
25.19km, 05:30-12:00

 작은 마을은 마을을 빠져나가는 길이 외길이지만, 큰 도시는 나가는 길이 여러 갈래다. 특히 이른 새벽에는 길 찾기가 쉽지 않은데, 예상외로 길 표시가 잘 되어 있다. 수월하게 도시를 빠져나와 까미노 길에 들어섰다. 어제까지는 800여 미터 고원평야의 밀밭을 걸어왔는데, 이제부터는 풍경이 완전히 달라져 주위가 산과 숲이다. 오늘은 고도를 700여 미터를 더 높여 1,500미터까지 오른다. 고도가 올라가니 걷는 게 힘이 들지만, 공기가 한결 상쾌하다.
 산길을 굽이굽이 넘고 언덕을 올라 라바날이라는 마을에 도착했다. 블로그에 보니 이 마을 성당에 한국인 신부가 주재하고 있다 한다. 성당 근처 레스토랑에서 라면을 팔며, 김치를 담가 제공하고 판매도 한다고 한다. 배낭에 라면도 있고 슈퍼에는 소시지나 햄도 흔하니 저녁에 부대찌개를 해 먹을 요량으로 김치를 샀다.

까미노 프랑스 길 중에서 가장 높은 폰세바돈에 도착했다. 마을 입구에 근사한 현대식 건물의 알베르게가 있다. 길가에 붙어 있는 선전 팸플릿을 보면 깨끗한 침실과 주방 그리고 수영장까지 갖추고 있었다. 우리는 마을의 전통적인 건물의 알베르게에서 묵기로 했다. 마을은 언덕 위에 있고, 집들은 상당히 오래되어 어떤 건물은 폐허로 방치되고 있다. 주방이 갖추어져 있다는 알베르게를 찾아갔으나 주방을 이용할 수 없다 한다. 마을의 몇 안 되는 알베르게에 전부 문의했으나, 모두 주방 이용은 할 수가 없었다. 할 수 없이 공립 알베르게에 짐을 풀었다. 주방을 이용할 수 없으니 김치찌개나 부대찌개를 해 먹을 수 없다. 김치를 들고 근처 식당의 야외 테이블에서 컵라면의 반찬으로 해치워 버렸다.

숙소에 돌아오니 민머리 스페인 청년이 아무것도 모른 채 비좁은 주방에서 음식을 하고 있다. 그때 주인장이 들어오더니 가스 불을 꺼 버린다. 투숙객은 주방을 이용할 수 없다고 알려 준다. 스페인 청년은 뭔가 불평을 하면서 반쯤 조리된 음식을 들고 식탁으로 와 우적우적 먹는다. 등록할 때 미리 설명을 들은 바대로 투숙객 모두 식탁에 모여 저녁거리를 준비했다. 여기에서도 모두 식사를 준비하고 함께 먹는다. 식사는 선택 없이 주인장이 만든 쌀죽이라고 볼 수밖에 없는 리소토와 빵 그리고 와인뿐이다. 숙소의 침대도 오래된 나무 이층 침대라 오르고 내릴 때마다 삐걱거린다. 샤워도 커튼이 쳐진 좁은 곳에서 간단하게 해야 한다. 그나마 샤워 도중 가스가 떨어져 찬물로 할 수밖에 없었다. 숙소는 비좁고 낡아 매우 불편하다. 그러나 엄격하지만 유쾌한 이태리 자원봉사자 주인장이 있고, 투숙객들이 모두 밝고 명랑하여, 건물이 낡고 어두컴컴하지만 저녁 식사 후 나름 즐거운 시간을 보낼 수 있었다.

여기서 많은 사람을 만났다. 멕시코에서 오신 노인 부부와 부모 대신 무거운 짐을 지고 온 아들. 아들은 부부의 짐까지 지고 아침 일찍 떠나 이른 시간에 다음 알베르게에서 부모를 기다린다. 이태리 중년 부부와 그 부모. 스페인 청년. 뉴질랜드 아가씨와 국적을 모르는 젊은 여인들. 한국 사람들은 없다. 마을 전체가 오래되고 마땅히 휴식할 만한 장소도 없어 마을 입구 현대식 알베르게나 인근 다른 마을에서 묵는 모양이다. 한 방에 십여 명이 이층 침대에서 자려니 여기저기 코 고는 소리와 뒤척일 때마다 침대 삐걱거리는 소리에 잠을 이루기가 어렵다. 새벽녘이 되어서야 겨우 눈을 붙였다.

# 폰세바돈-폰페라다

7. 19. 금요일
26.78km, 05:50-12:00

새벽에 잠깐 눈을 붙이고 일어났다. 주인장도 어느새 일어나 커피와 빵을 구워 아침을 준비해 준다. 우리는 보통 아침을 안 먹고 길을 나서는데, 새벽부터 준비한 주인장의 성의를 봐서 구운 빵에 버터와 잼을 발라 몇 개 먹었다. 어제저녁에 먹고 남은 빵이었는데, 따뜻하게 구우니 맛있었다. 게다가 한국 사람들이 남기고 갔는지 식탁 구석에 국산 봉지 커피가 있어 맛있게 먹었다. 숙소를 나올 때 카리스마 넘치는 주인장과 한없이 인자하게 생긴 멕시코 할아버지의 배웅을 받았다. 숙소를 나와 아직 어둠이 가시지 않은 뒷산을 올랐다. 산 위에는 그 유명한 철의 십자가가 있다. 십자가 기둥에는 순례객들의 기원이 빼곡히 적혀 있고, 아래에도 순례객들의 기원을 적어 넣은 돌멩이들이 쌓여 있다. 우리도 메모지에 지선이의 건강을 기원하고 가족의 평

안을 기원하는 글귀를 넣어 돌멩이 아래 묻었다. 지선이가 두 해 전 큰 병을 얻어 이제 막 회복하고 있는 중이었다.

철의 십자가를 지나면 내리막으로 이어진다. 내려가면서 여러 사람들을 만났다. 첫째, 수레를 끌며 개 세 마리를 데리고 반대편에서 올라오는 사람. 길 가장자리로 올라오며 차가 지나갈 때마다 개들을 건사하느라 여념이 없다. 옷차림이 매우 남루한 걸로 보면 아마 알베르게에서 지내지는 못한 것 같다. 개들 때문에도 노숙을 하지 않았을까 생각한다. 그리고 반대편으로 걸어가는 걸 보면 이미 산티아고를 다녀오지 않았나 생각이 든다. 둘째, 할머니와 중년의 딸 그리고 손주들. 나중에 알았지만 칠레에서 왔으며, 우리가 지나온 레온부터 걷고 있었다. 할머니가 가파른 내리막길을 지팡이를 짚고 힘겹게 내려가는 모습을 보니 산티아고까지 갈 수 있을까 걱정이 된다. 그런데 나중에 자주 만나게 된다. 셋째, 이태리에서 온 엄마와 두 딸. 내리막을 얼추 다 내려와 길가에서 쉬고 있는데, 우리 옆에 와 앉으며 신을 벗는다. 엄마 발이 온통 물집투성이다. 이제 걷기 나흘째인데, 완주할 수 있을까 심히 걱정된다. 길을 걷는 도중에 수많은 사람들을 만났는데, 모두 크고 작은 사연을 가지고 있었다.

엘 아세보 마을을 지나 예쁜 강이 흐르는 몰리나세카에 도착했다. 마을 끝 카페에서 맥주 한잔 마시며 쉬어 가기로 했다. 일정을 조정해 하루 묵어가고 싶을 만큼 예쁜 마을이다. 아담하고 조용하고 강가에 갈 수 있어 편히 쉬기 좋은 마을이다. 한 시간을 더 걸어 폰페라다 공립 알베르게에 도착했다. 일찍 도착한 사람들은 문 앞에 배낭을 내려놓고 휴식을 취하고 있다. 어제 만난 뉴질랜드 아가씨와 스페인 청년도 도착했다. 이윽고 자원봉사자들이 입실을 위한 등록을 준비한다. 우리도 5유로

를 내고 침상을 배정받고 일 층에 있는 식당에서 점심을 준비했다. 수도원 알베르게이기에 식당은 널쩍한데 주방은 의외로 협소하다. 겨우 화구를 하나 확보하여 미역국과 쌀밥 그리고 슈퍼에서 사 온 소고기를 구워 근사하게 한 상을 차렸다. 신나게 먹고 있는데, 이태리 할아버지가 와서 화이트와인 반 병을 반강제로 기부받아 간다. 이 길은 이렇게 서로 주고받으며 도움을 교환해서 좋다.

폰페라다-비야프랑카

7. 20. 토요일
24.67km, 05:30-11:30

　간만에 편안한 침대에서 잠을 푹 잤다. 보통 네 시에서 네 시 반 사이에 일어났는데, 다섯 시 반에 알베르게를 나가는 문을 연다기에 다섯 시까지 잤다. 짐을 챙겨 식당으로 나오니, 이미 많은 사람들이 아침 식사를 준비하고 있다. 우리도 어제 사다 놓은 요구르트와 과일을 먹고 출발했다. 오늘 목적지는 비야프랑카다. 우리나라 TV 프로그램에 소개된 적이 있는 알베르게다. 차승원 씨와 몇 연예인이 알베르게 운영을 맡아 순례객에게 식사를 대접했던 스페인 민박집으로 소개된 곳이다. TV를 통해 익히 보았던 터라 잔뜩 기대를 하고 길을 걸었다. 까까벨로스를 지나 산길을 올라가는데, 학생으로 보이는 여자 하나가 앞에 가는 여자 둘에게 잔뜩 화가 나서 뭐라 뭐라 외쳐 댄다. 앞서가는 두 여자는 아랑곳하지 않고 열심히 길을 간다. 가까이 다가가 보니 엄마와 두 딸이다. 한 아이가 뭔가에 몹시 삐쳐 있는 듯하다. 한참을 걷다 보니 세 여자가 함께 걸으며 언제 그랬냐는 듯 희희낙락 정겹다. 오래 걸으면 조그만 일로 갈등이 생기지만 식구들끼리는 금방 풀어지는구나.

숙소는 기대했던 대로 TV에서 본 것과 똑같다. 주방은 엄청 넓고, 바로 옆에 열 명 정도 식사할 수 있는 다이닝룸이 별도로 있다. 침실은 오픈된 공간으로, 일인용 침대가 두 줄로 놓여 있다. 예상과 달리 투숙객도 별로 없는 듯하다. 여태까지 묵어 본 공립 알베르게와 비교하면 거의 오성급 호텔 수준이다. 주방을 마음껏 쓸 수 있다는 기대감에 슈퍼에서 잔뜩 장을 봐서 돌아오는데, 길거리에 히피 스타일의 젊은이들이 많이 눈에 띈다. 알아보니 3일간 이곳에서 음악 축제가 열릴 거라 한다. 숙소 마당 건너편에도 젊은이들이 텐트를 치고 맥주 마시며, 기타 치며 즐겁다. 이런 상황에서 저녁에 잠들기 힘들 거란 생각이 든다. 국내 TV 프로그램으로 유명해져서 한국 사람들이 많을 거라 예상했는데, 한 사람도 없다. 덕분에 주방을 여유 있게 사용할 수 있어 좋았다.

저녁을 하러 식당에 내려가니 자그마한 대만 여자가 발목에 붕대를 하고 저녁 준비를 하고 있다. 별다른 이유 없이 발목이 불편해서 중간중간 치료를 받으며 하루에 5km씩 걷고 있다 한다. 나중에 산티아고 숙소에서 다시 만나 깜짝 놀랐다. 저녁을 먹고 그대로 다이닝룸에서 2차 와인 파티를 했다. 투숙객이 적으니 시설을 마음껏 써서 좋았다. 밤이 되니 축제는 무르익어 가는지 밴드 소리와 함성 소리는 커져만 간다. 창밖의 축제 열기 속에도 우리는 자야만 한다. 내일도 걷고, 모레도 걸어야 하기 때문이다. 옆자리 청년은 저녁에 나가더니 기어이 새벽까지 들어오질 않는다.

까미노 데 산티아고 프랑스 길

비야프랑카-라 파바

7. 21. 일요일
23.2km, 06:00-12:00

다섯 시에 일어났는데, 아직도 축제가 한창이다. 음악 소리를 들으며 마을을 빠져나가니 왼쪽에는 깊은 계곡에 물이 흐르고, 오른쪽은 가파른 산이다. 마치 지리산이나 설악산 어디쯤 걷고 있는 분위기다. 보통 아침을 먹지 않거나 또는 간단하게 요구르트나 과일 한 조각을 먹고 출발하기에, 걷다가 처음 만나는 마을에서 커피와 토르티야나 크루아상으로 아침을 대신한다. 두 시간쯤 걸어 뜨라바델로에 도착하니 유일한 카페 엘 푸엔테에 사람들이 가게 밖까지 길게 줄을 서 있다. 삼십 분을 기다려서야 커피 한잔을 마실 수 있었다.

오늘의 숙소는 산을 넘어가는 8부 능선쯤에 있다. 대부분 순례객들은 산 정상에 있는 오 세브레이로 마을에서 묵는데, 우리는 정상 조금 못 미처 한적한 라 파바 마을에서 묵기로 했다.

암바스메스따스 마을을 지나면서 아내가 추억에 젖는다. 십 년 전, 절친 후배 둘과 함께 걸었던 마을이라 한다. "그때 저기 있는 공립 알베르게에서 잤고, 저쪽에 있는 식당에서 저녁 식사를 했는데, 수프는 우리의 곰탕 국물이었고, 감자가 들어간 고기찜을 맛있게 먹었었지. 옆자리에 앉은 스페인 할아버지들이 동양 여자들을 처음 본다며 독한 술을 권해 몇 잔 얻어 마셨지."라며 잠시 생각에 걸음을 멈추어 본다. 마을을 지나 본격적으로 오르막을 오르기 전, 마을 냇가의 쉼터에서 맥주 한잔하는데, 며칠 전부터 낯이 익은 일본 여자가 옆자리에 앉으면서 자연스럽게 이야기가 오갔다. 배낭이나 복장이 심상치 않았는데, 놀랍게도 6개월째 여행 중이다. 호주와 뉴질랜드를 거쳐 이제 유럽 여행 중이다. 까미노 길을 완주한 후 모터사이클을 빌려 독일 여행을 계획하고 있다고 했다. 이후 일본으로 다시 돌아갔다가 북미와 남미를 여행할 계획이라고 한다. 과연 이 여자의 직업은 무엇일까. 여자의 대답은 '드라이빙 인스트럭터'였다. 현재 다니던 직장은 그만두었고, 일본으로 돌아가면 다음 여행 때까지 다른 직장을 구해 일을 할 예정이란다. 일본의 구인난이 부럽기만 하다. 덧붙이기를, 남편은 일본에서 열심히 직장생활을 하고 있단다.

마을을 지나는데 산에서 흐르는 물이 들판을 넓게 가로질러 냇가로 흘러든다. 참 예쁜 마을이다. 산을 올라가 라 파바 마을

에 들어서는데, 길이 온통 소똥 천지다. 이곳부터는 갈리시아 지방으로 접어드는 산간 지역으로, 밭이 없고 주로 소, 돼지 등 가축을 많이 키운다. 숙소는 숲속에 아담하게 자리잡고 있는 라 파바 공립 알베르게다. 숙소 앞에 짐을 내려놓고 주위를 둘러보는데, 한적한 숲속에 돌로 지은 알베르게가 꼭 삼십여 년 전 가 본 적 있는 지리산 왕시루봉의 선교사 별장에 온 느낌이다. 잠시 후 자원봉사자가 오서서 등록을 도와준다. 대부분의 순례객들은 조금 더 올라가 오 세브레이로 마을에 묵는다. 까미노 길에서 매우 유명한 성당이 있고, 레스토랑도 많고, 숙소도 많아 편히 쉴 수 있기 때문이다. 그렇지만 이곳 숙소는 주위에 별다른 편의 시설은 없지만, 주방도 청결하고 침실도 깔끔하다. 주방에 밀가루가 있어 수제비로 점심을 해결하고, 숙소 옆의 작은 예배당을 구경하고, 숙소 배경으로 사진도 찍고 하며 시간을 보냈다.

라 파바-트리아카스텔라

7. 22. 월요일
27.39km, 05:50-12:30

어두컴컴한 새벽 산길을 오른다. 정상에 오르면 갈리시아 지방이다. 가파른 산길을 올라 오 세브레이로 정상에 섰다. 이 마을은 성체 기적이 일어났다는 성 마리아 성당으로 유명하다. 일출을 기대하고 올랐으나, 날이 흐려 일출을 볼 수 없어 내려가는데, 어디서 나왔는지 스페인 중·고등학생 무리를 만났다. 아마 수학여행을 온 듯싶다. 또한 숙소에서 나와 식당으로 아침을 먹으러 가는 폰세바돈 숙소에서 만났던 이태리 부부도 만나고, 이태리 할아버지 알베르토도 만나 반갑게 인사했다. 한참 내려와 바에서 맥주를 마시는데, 알베르토가 옆에 와서 커피와 빵을 먹는다. 오랫동안 같은 숙소 또는 인근 숙소에서 숙박하며 스쳐 지나면서 항상 카페에서 와인과 담배를 했었다. 폰페라다에서는 화이트 와인 삼 분의 일 병을 얻어 가기도 했다. 기실 까미노 길 초반에 이태리팀이 있어 7, 8명이 모여 함께 다니면서 주방에서 파스타도 해 먹고, 아침도 같이 먹고 같이 출발하였는데, 어느 순간인가 하나둘 흩어지고 알베르토 할아버지 혼자 남았다. 아마 젊은 사람들은 앞서갔으리라.

오늘은 갈리시아 지방으로 넘어가는 날이다. 지형도 산악 지형으로 변하고 음식도 고기 위주로 변한다. 트리아카스텔라의 공립 알베르게에 도착하니 이미 많은 사람들이 줄을 서 있다. 조금은 게으르거나 얼굴에 지겨움이 남아 있는 중년 여자가 이윽고 문을 열고 등록 업무를 시작했다. 입실하고 나니 우리 숙소는 반지하에 4인 1실이며, 이층 침대 두 개가 있다. 지어진 지 오래된 듯 어둡고 축축하다. 샤워는 줄을 서서 하고, 그나마 샤워실에 문도 없어 비닐을 살짝 걷고 드나든다. 식당은 별채에 있는데, 스토브는 있지만 주방 집기가 없어 이용이 불가능하다. 갈리시아 지방은 산악지대가 대부분이라 지역 경제를 위하여 순례객들이 직접 조리하기보다는 외식을 유도하도록 주방 집기를 없앴다는 얘기도 있다. 샤워하고, 빨래하고, 숙소를 나와 점심 식사를 위해 식당을 알아보는데, 레온에서 헤어졌던 대만 친구들을 만났다. 레온에서 하루 더 있겠다고 했는데, 그동안 강행군을 한 모양이다. 반가움에 서로 포옹을 하고, 저녁에 따로 만나 와인을 한잔하기로 하고 헤어졌다.

레스토랑에서 순례자 메뉴를 시켰다. 일 인당 10유로에 스테이크와 와인 한 병 그리고 후식까지. 모처럼 배 터지게 외식을 했다. 숙소로 돌아와 휴식을 취하는데, 건너편 침대에는 배낭에 멕시코 국기를 새긴 아가씨가 투숙했다. 숙소 등록을 기다릴 때 스페인 청년과 바짝 붙어 있었는데, 청년은 숙소에서 안 보이고 아가씨 혼자다. 나중에 알고 보니 청년은 같이 온 일행과 다른 숙소로 갔다. 저녁도 먹을 생각 안 하고 이불 쓰고 침대에 누워서 휴대폰만 만지작거린다. 아마 여기 오는 중에 사귀었는지 멕시코 아가씨는 연신 전화하며 밤새 들락거렸다. 저녁 무렵 숙소 건너편 레스토랑에 가니 대만 친구들이 와 있다. 와인과 맥주를 사 주고, 밤이 늦도록 이야기를 했다. 술을 많이 마셨는지 나는 잘 잤는데, 아내는 사람들이 밤새 들락거려 한숨도 못 잔 모양이다. 최악의 숙소라 했다.

까미노 데 산티아고 프랑스 길

트리아카스텔라-사리아

7. 23. 화요일
24.23km, 05:30-10:30

트리아카스텔라 숙소는 현지인이 관리를 하고 있어 등록 업무만 하고 바로 퇴근을 하기 때문에 저녁 이후에는 투숙객 관리가 안 된다. 다른 공립 알베르게는 자원봉사자 또는 관리인이 상주하며 밤 열 시 이후에 소등하고, 아침 여섯 시경에 문을 열어 준다. 투숙객들은 오랜만에 인근 바나 레스토랑에서 영업이 끝날 때까지 맘껏 즐기는 것이다.

마을을 빠져나오니 갈림길이 나온다. 왼쪽은 사모스로 가는 길로, 길이가 길고, 오른쪽은 산실로 가는 길로, 길이가 짧다. 양쪽 길 모두 사리아로 갈 수 있다. 어제 잠을 못 잔 관계로 길이가 짧은 산실로 가는 길을 택했다. 도중에 한 마을에서 커피를 마시고 있는 멕시코 아가씨를 만났다. 자기는 우리를 패스한 적이 없는데, 어찌 뒤에서 오냐며 의아해한다. 우리는 숙소에서 일찍 나와 별채 식당에서 짐을 챙기며 간단히 요구르트를 먹었는데 그사이에 출발한 모양이다. 옆에 스페인 청년은 없지만, 반갑게 인사하는 얼굴이 밝아 보여 마음이 한결 가볍다.

마을 몇 개를 더 지나 이른 아침에 사리아에 들어섰다. 피곤했지만 꼬박 다섯 시간을 쉬지 않고 걸은 것이다. 이제 더 이상 걷기는 무리이므로 적당한 숙소를 찾아 나섰다. 너무 이른 시간이라 공립 알베르게는 포기하고, 사설 알베르게에서 묵기로 했다. 숙소는 성당 가는 골목길 양쪽으로 길게 늘어서 있다. 그중 가격도 적당하고 당장 짐을 풀 수 있는 숙소를 골랐다. 들어가 보니 주방도 넓고, 침실도 막 청소를 끝내 깨끗한데 뒤뜰도 있다. 빨래 말리기에 좋은 조건이다. 뒤이어 스페인 친구, 독일인 커플 그리고 한국인 젊은이 세 명이 짐을 풀었다. 샤워와 빨래를 하고, 시내 슈퍼에 장을 보러 나섰다. 점심 저녁용으로 고기, 채소와 와인을, 내일 아침용으로 야쿠르트와 과일을 샀다. 모두 20여 유로. 와인이 세 병으로, 절반을 차지한다. 스페인 까미노 길은 주방을 사용할 수 있다면 숙박비 5~10유로, 식사비 5~10유로 정도로 할 수 있어 아주 저렴하게 여행할 수 있다. 점심을 먹고 숙소를 나서는데, 바로 맞은편 가게에서 한국 라면을 판다. 궁금해서 들어가 구경하는데, 한국인 엄마와 아들이 비옷 구입을 망설이고 있다. 다음 목적지에 비옷과 함께 짐을 부쳤는데, 일기 예보에 비가 올 것 같아 살까 말까 망설이고 있는 것이다. 우리는 구경만 하고 나와 인근 카페로 갔다. 카페에서 여러 여행객들과 이야기를 나누며 즐거운 시간을 보냈다.

사리아는 이 여행의 종착지인 산티아고까지 100km를 남겨놓은 도시다. 100km 이상을 걸으면 산티아고 순례자 사무소에서 까미노순례인증서를 받을 수 있다. 시간이 여유롭지 않거나 건강상 완주가 무리인 사람들은 이곳 사리아에서부터 출발한다. 그래서 알베르게도 많고, 늘 순례객들로 북적이는 도시다.

사리아-포르토마린

7. 24. 수요일
22.05km, 06:10-11:30

　어제 와인을 세 병이나 마신 탓도 있지만, 모처럼 사립 알베르게에서 묵어 숙소가 편안하고 조용하여 늦잠을 자 버렸다. 아침에 눈을 뜨니 다섯 시 사십 분이었다. 다른 날 같으면 이미 출발할 시간이다. 사실 하루 여섯 시간 남짓 걷기에 출발 시간이 그리 중요하지 않지만, 열두 시가 넘으면 걷기 힘들 정도로 뜨겁기 때문에 오후 시간이 넉넉해도 일찍 출발하려 한다. 간혹 아침잠이 많은 젊은이들이 오전에 여유 있게 시작하거나 전체 일정을 단축하기 위하여 여섯 시간 이상 걸어 오후 늦게 숙소에 도착하는 것을 보면 그 체력에 존경스럽기까지 하다.

　부지런히 준비해서 숙소를 나오는데, 골목 아래에서 대만 친구들이 올라온다. 반갑게 인사하고, 잠시 후 아디다스 반바지를 입은 여자 둘이 앞서간다. 며칠간 못 봤는데, 반가웠다. 이십 일 전 푸엔테에서 처음 보고 이삼 일에 한 번씩 지나치며 또는 같은 숙소에서 보곤 하였다. 늘씬한 체격에 한 미모 하는 여자들이 성큼성큼 걸으며 바에서 맥주를 즐겨 마시고, 슈퍼에서도 1리터짜리 맥주를 사는 모습을 종종 보았다. 얼마 전 궁금해서 물어보니, 체코에서 왔다고 한다. 처음에는 보면 데면데면했는데, 이제는 만나면 하이 파이브를 할 정도로 친해졌다. 둘이 항상 아디다스 검정 반바지를 입고 있어 우리끼리 별명을 붙여 주었다.

  산행이나 길을 걸으면 배낭 때문에 그리고 일정도 촉박하여 앞만 보고 걷게 되지 뒤를 돌아보기가 쉽지 않기 마련이다. 그러나 걷다가 가끔 뒤를 돌아보면 우리가 보지 못하고 지나쳤던 또 다른 풍경을 만날 수 있다. 오늘은 마을을 뒤덮은 안개 때문에 자주 뒤돌아보게 된다. 그리고 아름다운 스페인의 시골 풍경을 보게 된다. 길을 얼마 걷지 않아 100km 표지석을 만났다. 모두 가던 길을 멈추고 기념사진을 찍는다. 우리도 한국 젊은이들에게 부탁하고 사진을 찍어 기념으로 남겼다. 이곳 갈리시아 지방은 거의 모든 농가에 오레오(Casa de Horreo)라는 곳간을 가지고 있다. 땅에서부터 높게 돌기둥을 세우고 그 위에 나무나 돌로 곳간을 지었다. 그 크기가 저마다 다른데, 농사 규모에 따라 다를 것이다. 포르토마린을 조금 못 미처 티엔타 페테르 팽크라는 잡화점이 있다. 놀랍게 시골 한적한 마을에서 한국 식품을 팔고 있고, 라면도 끓여 준다. 우리도 오늘 점심에 먹을 라면과 즉석식품을 몇 개 샀다.

  이제 산티아고까지 4일이면 도착할 수 있다. 사리아에서부터 걸으면 까미노 증서를 받을 수 있다 하여 순례객들이 부쩍 많아진 것을 느낄 수 있다. 아니나 다를까 포르토마린 마을에 도착하여 인터넷에서 봐 두었던 숙소를 찾아가니, 이미 모든 객실의 예약이 완료되었다. 마을 입구에는 관광객을 싣고 온 버스가 줄지어 서 있다. 한낮 땡볕에 무거운 배낭을 메고 숙소를 찾아다니는 일은 정말 힘들다. 몇 군데를 돌고서야 마을에서 가장 아래쪽 강가의 알베르게를 소개받았다. 우리가 첫 손님이다. 널찍한 홀에 이층 침대가 약 스무 개 정도 놓여 있다. 주방도 쓸 만하고, 집기도 충분하다. 부리나케 샤워를 하고 점심 저녁 장을 봐 오니 여러 명이 짐을 풀고 있다. 점심 준비를 하는데, 어린아이들부터 할머니, 할아버지까지 한 이십여 명이 들어온다. 취사도구와 식재료를 준비해 와 점심을 준비하는데, 신기하게 아이들은 모두 자기 자신의 식기와 수저를 준비해 왔다. 물어보니 프랑스의 어느 교회 신자들이 단체로 순례에 나섰다고 한다. 우리는 한쪽에서 와인과 비빔면으로 맛있는 식사를 했다.

까미노 데 산티아고 프랑스 길

포르토마린-팔라스 데 레이

7. 25. 목요일
24.67km, 05:30-11:30

어젯밤에 잠을 자기 위해 침대에 누웠는데, 옆 침대의 여자들이 어둠 속에서 우왕좌왕하며 뭔가를 열심히 찾는다. 전기가 안 들어와 휴대폰 충전을 못 하고 있었다. 주인이 퇴근하면서 전기를 차단하고 간 모양이다. 와이파이도 안 된다. 여행 중에 휴대폰은 매우 소중하다. 길 안내를 해 주고 다음 목적지 숙소를 찾아 예약을 해야 하기 때문이다. 새벽에도 컴컴한 실내에서 짐 정리를 하느라 애를 먹었다. 매우 싸가지 없는 주인장이다. 보통은 대부분 친절했는데, 이미지를 다 버려 놨다.

어제 100km를 통과하여 오늘부터 두 자리대에 들어섰다. 날이 흐려 일출을 보지 못했지만 대신 안개가 자욱한 들판에 나무 한 그루가 서 있는 멋진 풍경을 만날 수 있었다. 여러 순례자를 만나지만 오늘은 배낭 대신 수레를 끌고 가는 순례자를 만나고, 부부가 자전거로 아기 수레를 끌고 가는 풍경도 본다. 갈리시아 지방은 농토가 없어 대부분 산비탈에 옥수수를 심든 가, 소, 돼지 등의 가축을 키운다. 덕분에 소고기 요리를 저렴하게 먹을 수 있지만, 마을을 지날 때면 가축 분뇨 냄새가 강렬하여 참기 힘든 경우가 있다.

  예약해 둔 숙소에 도착하니 이제껏 보기와는 다른 현대식 캡슐형 숙소다. 침대는 캡슐 형태고, 커튼이 있어 안에서 불을 켜도 외부와 차단이 되기 때문에 한결 자유롭다. 숙소 출입도 번호 키를 이용하여 늦은 시간까지 자유롭게 이용할 수 있다. 시내에 나가니 오늘이 성 제임스 데이라 규모가 있는 상점과 레스토랑은 문을 닫았다. 조그마한 슈퍼에서 장을 봐 오는데, 대만 친구들을 또 만났다. 예약한 알베르게가 아직 오픈 전이라 기다리고 있었다. 숙소에 돌아오니 언제 들어왔는지 마드리드에서 왔다는 아프리카계 학생들이 스무 명 분의 식사를 준비하고 있었다. 쌀을 끓이고 닭을 손질하는데, 아마 파에야를 준비하는 것 같았다. 어린 학생들이 재료를 준비하는 데 꽤 능숙하다. 우리는 파스타와 라면으로 간단하게 저녁을 먹었다.

또 한 번의 여행

까미노 데 산티아고 프랑스 길

팔라스 데 레이-아르수아

7. 26. 금요일
28.13km, 06:00-13:30

오늘은 코스 중간에 있는 멜리데에서 스페인에서 유명하다는 문어 요리 뿔뽀를 먹어 볼 요량이다. 들은 바로는 열 시에 문을 연다 하여 느지막히 여섯 시에 출발했다. 길은 평탄하고 날씨도 선선하여 15km를 세 시간 반 만에 주파하여 아홉 시 반쯤 멜리데 마을에 도착했다. 마을 입구부터 나름 원조라며 호객 행위로 소란하다. 그중 가장 유명하다고 하는 뿔뽀집에 들어가니 이미 사람들로 가득하다. 대만 친구들도 자리를 잡고 음식 사진을 찍고 있었다. 우리도 뿔뽀 한 접시와 와인 한 병 시켜 아침부터 거나하게 먹었다. 특이하게 갈리시아에서는 와인을 글라스가 아니라 우리나라 막걸리 뚝배기같이 생긴 사발에 준다.

산티아고를 얼마 남겨 놓지 않은 길은 우리와 같이 프랑스 생장에서 시작한 사람들과 레온에서 시작한 사람들 그리고 가깝게는 사리아에서 시작한 사람들로 이미 가득하다. 가벼운 배낭을 메고 경쾌하게 걷는 스페인 각지에서 온 학생들 그리고 알록달록 옷을 입은 관광차 온 일반인들. 오래 걸은 사람들은 뿌옇게 먼지 낀 신발로 터벅터벅 걷고, 비교적 가까운 곳에서 출발한 사람들은 산뜻한 복장에 한결 사뿐사뿐하다. 모두 동일한 목적지 산티아고를 향해, 저마다의 느낌으로 대략 삼 일 정도를 더 걸을 것이다.

여태까지는 알베르게가 대개 지은 지 오래된 단독 주택이거나 독립된 건물이었는데, 마을 수준에서 큰 도시로 오면서 큰길가 빌딩 숲의 한 건물에 있다. 등록도 장부에 볼펜으로 적는 타입에서 모니터에 입력하는 방식으로 바뀌었고, 주방도 초현대식이며, 취사도구도 이케아 일색이다. 투숙객에게는 매우 편리한데, 단 며칠 사이에 중세에서 현대로 옮겨 온 느낌이다. 오늘의 숙소도 2층 침대의 복도 쪽으로 커튼을 설치하여 조금의 프라이버시를 지켜 주었다. 주방 시설이 잘 되어 있어 두툼한 소고기 스테이크를 저녁으로 해 먹었다.

아르수아-페드로소

7. 27. 토요일
19.41km, 06:30-11:30

　최종 목적지를 이틀 남겨 두고서는 모두 느긋해졌다. 남은 거리가 짧아 일찍 서두를 이유도 없다. 여섯 시가 지났는데, 일어나는 사람들이 얼마 없다. 침대에 커튼이 있어 아침에 출발 준비를 하는 데 더없이 수월하다. 마치 개인실에 묵는 것과 다름이 없이 일어나 불도 켜고, 여유 있게 짐을 챙겼다. 공립 알베르게였으면 침대에서 일어나 침낭, 옷가지, 배낭 및 기타 잡동사니를 끌고 주방으로 나와 배낭을 꾸렸는데, 오늘은 침대에서 모든 것을 해결하고 꾸려진 배낭만 들고 가뿐하게 주방으로 나왔다. 주방에서 벌써 아침 식사를 하고 있는 팀이 있다. 어제저녁에 중년 부부와 아들이 좀 많다 싶게 빵을 사 왔는데, 어제 먹고 남은 빵으로 샌드위치를 만들어 아침으로 먹고 있다. 우리도 간단하게 요기를 하고 알베르게를 나섰다.

밖에는 비가 부슬부슬 내린다. 우비를 꺼내 입었다. 까미노 길을 걸으면서 두 번째 맞는 비다. 한 달 정도를 걸어왔는데, 운이 좋게도 대부분 맑은 날이었다. 맑은 날은 더위 때문에 자주 쉴 수밖에 없어 어려움을 겪지만, 비 오는 날은 우비를 입어야 하는데 우비 안으로 땀도 나고 신발도 젖기 때문에 여간 거추장스럽지 않다. 길을 나서는데 발걸음은 경쾌하기만 하다. 오늘 다소 짧은 거리를 걸으면 마지막 하루를 남겨 두게 된다. 비는 계속 내리고, 숲속 길을 걷고 마을을 몇 개 지나 자그마한 카페에서 몸을 녹이며 커피 한잔 하기로 했다. 커피를 주문하고 자리에 앉으니, 한쪽 구석의 벽난로에 불을 피운다. 7월에는 한낮의 기온이 사십 도 가까이 올라가지만 비가 오는 아침이면 한기가 느껴진다. 따뜻한 벽난로 불을 쬐고 있는데, 옆자리에서 커피를 마시던 아가씨가 다가오더니 휴대폰 사진을 보여 준다. 우리 부부가 다정하게 걷는 모습이 좋아 보여 찍었다며 사진을 보내 주었다. 중년 부부가 남들 눈에 다정하게 보인다니, 우리 부부가 기특하게 느껴졌다.

바를 나와 숙소까지 가는 길에 비가 억수같이 쏟아진다. 숙소에 도착했는데, 문이 닫혀 있어 비 내리는 밖에서 하염없이 기다렸다. 우리는 예약을 해서 여유로운데, 방금 도착한 한국 젊은이 세 명은 예약을 안 했다며 초조해한다. 이윽고 문이 열리고, 등록을 마쳤다. 한국인 젊은이들도 다행히 침대를 얻었다. 숙소에 들어서 짐을 정리하고 샤워를 하고 나니 날이 개었다. 비에 젖고 땀에 젖을 옷들을 빨아 알베르게 뒷마당에 널었다. 오후가 되자 버스들이 도착하더니, 여행용 트렁크를 쏟아낸다. 산티아고 들어가기 하루 전 마을에 사람들이 들이닥친다. 침실이고, 샤워실이고, 주방이고, 여행객들로 인산인해다. 산티아고를 하루 앞두고서 모두 즐거움에 들떠 있다. 점심때 마을 레스토랑에 갔을 때 전부 예약돼 있었다니, 이 일행이었나 하는 생각이 든다.

내일은 바야흐로 산티아고에 입성하는 날이다. 일찍 잠을 청해 보려는데, 여행객들이 수시로 드나들어 잠을 자기가 힘들다. 사리아부터는 순례객과 더불어 관광객도 많아져 저녁이 다소 소란스럽다.

페드로소-산티아고 데 콤포스텔라

7. 28. 일요일
19.16km, 04:40-09:00

  드디어 까미노 데 산티아고 데 콤포스텔라 프랑스 길의 공식적인 거리 779km를 완주하고, 산티아고에 들어가는 날이다. 그동안 택시나 버스의 유혹을 이겨 내고 순수히 두 사람의 발로만 걸어왔다. 오늘이 그 과정을 완성하는 날이다.
  어제 오후 들어온 관광객들로 밤늦게까지 시끄러워서 잠을 설친 탓에 자의 반, 타의 반으로 새벽 일찍 출발하게 되었다. 마을을 벗어나면서 곧바로 길은 숲속으로 이어졌다. 너무 이른 시각이라 다른 순례객은 없고, 우리뿐이다. 캄캄하고 소용한 산길을 걷는데, 상쾌하기도 하지만 아무도 걷는 이가 없어 은근히 겁도 났다. 약 한 시간을 걸으니 아메날 마을이 나타났다. 가로등만 켜져 있고, 마을은 조용하다. 대만 친구들은 아마 여기서 묵었을 것이다. 아침 일찍 산티아고에 들어가고 싶어 했다. 마을을 지나면 산길로 이어지고, 다시 어둠 속으로 들어간다. 산길 마지막은 산티아고 공항으로 가로막혀 공항 활주로를 멀리 우회하여 가야 했다.

두 시간쯤 걸어 폰티욘 마을에 들어오니 새벽안개에 날씨도 추워 카페에서 커피 한잔하며 몸을 녹였다. 카페 안에 들어가니 누군가 반갑게 인사를 한다. 비야프랑카 가는 길에 만났던 필리핀 아저씨가 아침 식사를 하고 있었다. 산티아고를 가기 위해 고개를 넘어가는 길은 양옆에 큰 나무들이 있고, 안개가 자욱하게 끼어 있어 몽환적인 분위기를 자아냈다. 큰 도로를 가로질러 드디어 산티아고 도심에 들어간다. 이제는 20~30km 정도는 한 번 정도 휴식 후 완주할 정도로 몸이 익어 있다. 도심 입구에 Santiago라 쓰인 커다란 흰색 표지판이 있는데, 온통 순례객들의 소지품들과 신발 등으로 치장이 되어 있었다. 이제 한 달간의 긴 여정의 마침표를 찍는다는 느낌이 밀려온다. 여기서 기념사진을 찍고 도심을 향해 걸어간다.

오늘은 마침 일요일이라 거리가 한산하고 또 이른 시간이라 순례객들도 드물게 눈에 띌 뿐이다. 오늘 우리가 묵을 알베르게를 지나 콤포스텔라 성당으로 향한다. 도심에 들어오니 비로소 성당으로 향하는 순례객들을 만날 수가 있었다. 일요일이라서 대부분의 가게가 문을 닫은 한적한 골목골목을 돌아 성당이 있는 광장으로 들어간다. 골목의 작은 출구를 지나자 콤포스텔라 성당이 그토록 넓은 광장을 압도하고 서 있다. 삼십 일 동안 열악한 숙소를 전전하고, 아내는 무릎 통증을 매일 진통제로 견뎌 내며 완주했다는 뿌듯함이 마구 밀려왔다. 아직 오전 아홉 시의 이른 시간이어서 성당 광장은 한산하다. 아마 조금 후에는 단체 순례객들의 환호와 격려로 가득하리라. 완주의 축배는 잠시 미루고, 서둘러 완주 증명서를 받기 위해 까미노 사무소에 줄을 섰다. 차례가 되어 그동안 걸어왔던 알베르게와 식당의 도장이 찍힌 크레덴셜을 내보였더니 꼼꼼하게 살핀 후 드디어 완주증명서를 발급해 준다.

다시 광장으로 나와 완주증명서를 들고 그동안 동고동락했던 배낭과 함께 콤포스텔라 성당을 배경으로 사진을 찍었다. 누구나 하는 성당 앞 기념사진을 온갖 포즈로 찍어 댔다. 그리고 모든 사람이 하는 완주 기념 성당 앞 키스는 물론이다. 잠시 후 대만 친구들이 성당 광장으로 들어선다. 반가움에 서로 얼싸안고, 기념사진을 찍고, 그동안 찍었던 사진을 교환하고 아쉬움을 남긴 채 헤어졌다.

성당이 마주 보이는 건물 앞에 다리를 뻗고 앉았다. 이제는 흥분을 가라앉히고 그동안의 여정을 되돌아보고, 힘들었던 시간과 즐거웠던 시간 모두를 조금씩 음미하며 행복한 시간을 보냈다.

순례객들이 쉴 새 없이 광장으로 들어온다. 서로 껴안고 펑펑

우는 사람들도 있고, 단체로 온 사람들은 둥그렇게 모여 구호를 외치고 노래를 부르며 완주를 기념하기도 한다. 바이크를 타고 온 사람들, 휠체어를 타고 온 사람, 조그만 짐수레를 끌고 들어오는 사람 그리고 유모차에 아기를 태우고 온 부부 등 각자 다른 방식으로 순례를 마치고 기쁨을 만끽하고 있다. 기둥에 기대 앉아 한참을 구경하다가 완주 기념으로 우리 둘만의 만찬을 즐기기 위해 일어섰다. 성당에서 조금 떨어진 후미진 곳에 있는, 그렇지만 음식만은 아주 훌륭한 음식점에 들어가 고급 와인을 주문하여 축배를 들었다. 800km의 여정을 무사히 마친 육십 대 부부의 완주를 자랑하면서.

이번 여정은 까미노 길의 마침이 아니라 시작이다. 프랑스 길은 가장 대표적인 까미노 길이고, 아직 걸어야 할 많은 다른 길이 기다리고 있기 때문이다.

까미노 데 산티아고 프랑스 길

또 한 번의 여행